新しい時代の
生徒指導・キャリア教育

和田 孝・有村久春
［編著］

はじめに

　本書は，教職を目指す学生はもとより，教育学を学ぶ学生，現職として指導の立場にある先生方，また，大学において本科目をご担当される先生方を対象として，学校教育で行われている生徒指導，進路指導・キャリア教育の基礎となる理論，実践に向けた指導法，事例を通しての理解等を深めることを目的の一つとしています。

　教育活動は，「理論と実践」により成り立ちます。教育活動が教育的意義を踏まえ，児童生徒への適切な指導となるためには，「理論と実践」の双方の理解が不可欠です。実際の指導場面においても，その教育的意義や指導の理由について説明を求められたり，各学校が共通理解に基づいた全校体制での指導を行うためには，その必要性や指導方法の妥当性の根拠となる理論が必要となります。信頼関係に基づく生徒指導・キャリア教育を行うために，教師は理論と指導の基本を身に付けておくことが必要です。

　本書のもう一つのねらいは，大学における本科目の学修を「事前学修−授業−事後学修」の連続性をもたせて行うことへの提案です。主体的・対話的で深い学びの重要性が指摘されるなか，学生の学びを充実させるためには，学生自身が学修内容に関するレディネスを確認し，情報収集などを通して課題意識を高めるなどの事前の学修が必要です。そして，授業においては多彩なアクティブ・ラーニングを展開し，授業後には学修内容を振り返り，発展的な学修に取り組むことなどの一連の学修過程が考えられます。本書では，各授業の内容の具体的な展開や課題の提示などを提案し，学修者や授業者が実態に応じてこれらから選択し，活用できるようにいたしました（次頁参照）。本書が教育現場の指導に役立ち，また，大学における学びの充実に繋がることを願っております。

　最後になりましたが，本書の企画に賛同いただきご執筆をいただいた先生方，企画から出版に多大なるご厚意をいただきましたミネルヴァ書房編集部浅井久仁人氏に心から感謝申し上げます。

　　2019年3月　　　　　　　　　　　　　　　　　　　　　　　　編著者

［本書の構成と学修過程］

本書では，各章において基本的な学修過程を下記のように構成しております。

「学修過程（アクティブ・ラーニング）及び取り組み例」

学修の過程	各内容における取組み（例）	
レディネス ⇩	本時（本章）の学修の前提となる基礎知識やこれまでの学修成果を振り返り，受講生が自己の準備状況の確認を行う。	
事前学修・活動 ⇩	学修内容に関連する情報収集などの準備を通して，課題意識をもち，授業への興味・関心を高める。	
授業・学修活動 ⇩	[基本解説] ＊事前に解説することにより，受講生が授業の見通しをもつとともに，教授者と学修の目標を共有する。	1 学修のねらい 2 課題の背景や問題点 3 到達目標 4 学修の流れ 5 実践的な活動（指導）との関連
	[授業におけるアクティブ・ラーニング] ＊主体的・対話的で深い学びを目指す，授業づくりを展開する。	1 討論・ディベートのテーマ例示 2 グループワークの課題 3 調べ学習課題の提示 4 体験学習の紹介 5 ロールプレイング・場面指導の課題
学修のまとめ ⇩ 事後学修	[リマインド・振り返り] ＊学修の振り返りを通して，学修の整理や今後の学修の発展と自己評価に繋げる。	1 本章のまとめ（論点整理） 2 発展的課題の提示 3 レポート課題の提示 4 リアクションペーパーの課題例（授業時の提出課題）

＊学修過程に挙げる形態や方法，具体的な例示については，各章の内容や学生の実態に即して選択するものとします。

目 次

はじめに

第1章　生徒指導の基礎理解と学修の視点
―生徒指導の理解と実践力を高める学修を進めるに当たって―

1　生徒指導に関する学修内容と指導の視点………………………………4
2　生徒指導に向けた学修内容………………………………………………6
3　生徒指導の理解と実践に向けた学修……………………………………8
4　生徒指導の内容と今日的課題……………………………………………10
5　生徒指導に関して教員に求められる力量………………………………14

第2章　学校教育における生徒指導の教育的位置づけと意義

1　教育法規等における生徒指導の教育的位置づけ………………………22
2　教育課程内外における生徒指導の教育的位置づけ……………………24
3　学校経営における生徒指導の教育的位置づけ…………………………26
4　発達支援からの生徒指導の方向性とその意義…………………………28
5　生徒指導の授業化における教育的意義…………………………………30

第3章　子どもの変化とその理解

1　社会の変化にみる子どもの変容…………………………………………38
2　人間関係のもつれがもたらす課題………………………………………40
3　真に子どもを理解するということ………………………………………42
4　いじめ問題を未然に予防するために……………………………………46
5　子どもの発達を見据えた指導の連続性…………………………………48

第4章　学校の組織と生徒指導体制

1. チームによる生徒指導体制 ……………………………… 56
2. 生徒指導体制の確立 ……………………………………… 58
3. 組織的な教育相談 ………………………………………… 60
4. 関係機関との連携 ………………………………………… 62
5. 家庭との連携 ……………………………………………… 64

第5章　学校制度・段階と生徒指導の方法

1. 日本の学校制度 …………………………………………… 72
2. 生徒指導の概念と機能 …………………………………… 74
3. 児童期から青年期の発達と思春期 ……………………… 76
4. 発達の段階に応じた生徒指導の方法 …………………… 78
5. 関係機関や専門家等と連携したチームとしての
   学校で行う生徒指導 ……………………………………… 80

第6章　問題行動の予防・対応・開発的指導

1. 問題行動の「問題」をめぐって ………………………… 88
2. 生徒指導上問題となる行動とその「問題性」
   （いじめの場合） ………………………………………… 90
3. 開発的な生徒指導 ………………………………………… 92
4. 予防的な生徒指導と問題行動の未然防止 ……………… 94
5. 生徒指導におけるチーム指導 …………………………… 96

第7章　生徒指導と教師に求められる指導力

1. カウンセリング感覚のある教師 ………………………… 104
2. 子どもの問題に向き合う教師 …………………………… 106

3	学級担任が行う生徒指導	108
4	「先生」自らが成長する	110
5	職層に求められる生徒指導への対応	112

第8章　新たな時代と生徒指導への教育的意義と期待

1	新たな時代の教育の方向性と生徒指導の 教育的意義とその期待	120
2	生徒指導の今日的な課題とその背景	122
3	生徒指導の今日的な問題行動等への対応①	124
4	生徒指導の今日的な問題行動等への対応②	126
5	新たな時代の生徒指導の工夫と指導体制の整備	128

第9章　進路指導・キャリア教育の基礎理解と学修の視点
―進路指導・キャリア教育の学修を進めるに当たって―

1	進路指導・キャリア教育に関する学修内容と指導の視点	136
2	進路指導の理念と性格	138
3	進路指導上の課題の変遷	140
4	キャリア教育の導入と捉え方	142
5	キャリア教育を推進する教員としての自覚と責任	144

第10章　進路指導・キャリア教育の理念と基礎理論

1	パーソンズの特性・因子論	152
2	ホランドの職業的パーソナリティ理論	154
3	スーパーのキャリア発達理論	156
4	バンデューラのキャリア自己効力感	158
5	クランボルツのプランド・ハプンスタンス理論	160

第11章　子どもの発達と進路指導・キャリア教育の充実
―各校種の進路指導の実際―

1. 発達心理学における発達段階と学説 ……………………………… 168
2. キャリア発達と進路指導・キャリア教育活動
   実践上の観点 ……………………………………………………… 170
3. 小学校段階のキャリア発達とキャリア教育活動
   実践上の観点 ……………………………………………………… 172
4. 中学校段階のキャリア発達と進路指導・
   キャリア教育活動実践上の観点 ………………………………… 176
5. 高等学校段階のキャリア発達と進路指導・
   キャリア教育活動実践上の観点 ………………………………… 179

第12章　社会に生きる子どものキャリア形成（進路指導・キャリア教育）

1. 新学習指導要領におけるキャリア形成の視点 …………………… 188
2. すべての教育活動を通して行うキャリア形成 …………………… 190
3. キャリア形成のための中核となる時間 …………………………… 192
4. 一人一人のキャリア形成と自己実現 ……………………………… 194
5. 「見通しを立て，振り返る」活動 ………………………………… 196
6. キャリア形成に向けた課題(小中高の連携・接続の必要性)… 200

索　引

第 1 章

生徒指導の基礎理解と学修の視点
―― 生徒指導の理解と実践力を高める学修を進めるに当たって ――

〔レディネス〕

1. 自分の学校生活（小・中・高）において，生徒指導（または，生活指導）として，どのような指導が行われきたのか，また，それはどのような教育的意義があったかを自分の体験をもとに指導の目的・内容を指導を受けた立場から振り返える。
2. 今日の児童生徒に関する生徒指導上の問題や指導に当たる教員・学校側の問題について，どのようなことが指摘されているかを具体的な事例を挙げて説明し，自分の考えを述べることができる。
3. 生徒指導上の課題は，社会的・時代的背景により異なり変化し，児童生徒の実態や様々な問題行動として影響を与えていることを理解している。
4. 生徒指導はすべての教員が行う教育的な指導であり，そのために教員は，生徒指導に必要な基本的内容を理解し，学校全体で共通理解に基づいた指導を行っていることを理解している。

〔事前学修・活動〕

1. 「生徒指導（生活指導）」について，自分が経験したことを校種ごとに５事例を挙げ，自分が感じたことやその教育的意義について一覧表にしておく。
2. 今日の子どもたちをめぐる生徒指導上の問題としてどのようなことがあるかを箇条書きにしておく。また，文部科学省や教育政策研究所の生徒指導にかかわる調査や資料を収集し，実態を整理しておく。
3. 生徒指導にかかわる学校や教員の指導や対応についての問題について，自分が関心のある事柄や話題となったことについて，新聞記事や書物等の切り抜きやコピーなど収集しておく。
4. 生徒指導を行う上で，教員はどのようなことを理解し，身に付けておかなければならないかを箇条書きにしておく。

〔基本解説〕
1　本章の学修のねらい

　本章では，本講座（生徒指導）の内容の概要を説明し，生徒指導の背景や全体像を把握するとともに，教職をめざす学生がどのような姿勢や視点で学修に臨んだらよいかを理解することをねらいとしている。

(1)学校における生徒指導の教育的意義を自分の体験から振り返り，子どもたちの実態，教員の指導の課題について幅広い視点からの理解を図る。

(2)生徒指導に当たって，基本となる理論や指導内容，指導方法等があることを概括し，学修の流れやポイントの理解を図る。

2　本章課題の背景・問題点

(1)生徒指導について，問題を抱える一部の児童生徒への対応等として狭義に捉え，管理的な指導や配慮に欠けた指導を行う実態がある。

(2)生徒指導の基本となる理論や社会的背景などの理解に基づかない，教師の自己の経験に基づいた配慮に欠けた指導が行われている。

(3)生徒指導が学校教育において重要な役割や機能があることを理解する必要がある。

3　本章の到達目標

(1)生徒指導を自分の体験を踏まえて，意義や課題を考えることができる。

(2)生徒指導の意義を広義に捉えた理論と実践が求められることを理解できる。

(3)学校の生徒指導の在り方と今日的課題について理解する。

4　本章の学修の流れ

(1)自分の体験から，生徒指導の実態を理解する。

(2)生徒指導の目的と教育的意義，内容について基礎的な理解を深める。

(3)生徒指導を行うに当たっての視点，指導上の配慮事項を理解する

(4)生徒指導を行うに当たっての教員としての心構えや態度について理解する

5　実践的な活動（指導）との関連

(1)自分の体験した学校の生徒指導の実態や課題から，効果的な指導の在り方を考察する。

(2)生徒指導の事例を収集し，その意義などを整理し，説明することができる。

1　生徒指導に関する学修内容と指導の視点

（1）教員の願いと生徒指導

　教員は，児童生徒が毎日元気に登校し，良好な人間関係のもとで，学習活動や学校行事，クラブ活動や部活動など様々な活動に参加し，楽しく充実した学校生活を送ることを願っている。学級内での喧嘩（暴力）やいじめがなく，不登校児童生徒が一人もいないことを願い，日々教育活動に従事している。

　しかし，実際の学級や学校においては，様々な問題が生じ，教員はその対応に追われていることが多いのも実態である。たとえば，小・中学校における不登校児童生徒数は，この10年間，年間10万人以上となっており，小学校では約300人に1人，中学校では約30人に1人（学級に一人は不登校生がいる）の割合となっている。いじめについても，小中高校で年間約10万件，暴力行為も小中高合計約8000件発生しており，どこの学校や学級でもこれらの問題が起こる状況にある。

　このような状況において，教員は，どうすれば楽しく，充実した学校生活を児童生徒が送ることができるのか，また，そのためにどのような指導を行えばよいのか，確かな生徒指導力を身に付けたいと望んでいる。

（2）自己の体験としての生徒指導

　児童生徒の立場になって，自己の小・中・高校時代における生徒指導を振り返るとき，どのような体験が思い浮かぶだろうか。「スカート丈や標準服の着方，頭髪の長さや着色，装身具の着用，携帯電話や不要物の持ち込みなどを注意された」「遅刻や授業態度など生活に関する指導を受けた」「けんかやいじめ，喫煙や飲酒などについて厳しく叱責された」などが挙げられることが多い。「校則に違反したり，問題を起こしたりしたときに先生から注意や指導，場合によっては処罰もされる」という生徒指導のイメージを答える者が多い（資料参照）。また，「先生方は，将来のことを考え，児童生徒に規則を守らせ，問題を起こしたり，誤った道へ進まないように厳しく指導したりしてくれているのだ」という解釈をする者もいる。

（3）生徒指導の目的と教育的意義を考える

　（1）に挙げた教員としての願いはよく理解できることではあるが，一方で不登校やいじめ，暴力などの問題が学級や学校になければ生徒指導上の問題はなく，

一人一人の児童生徒が充実した学校生活を送り，健全に成長しているといえるのかを考えてみる必要があるのではないか。また，（2）にあるように生徒指導が，服装や生活の規律についての注意や指導を厳しく行うことだと（たとえ，児童生徒のことを思ってのことだとしても）児童生徒に受け止められることは，果たして，本来の生徒指導の目的に沿ったものなのか，適切で，効果的な指導となっているのかを考える必要があるのではないか。

　教員や児童生徒の立場になって生徒指導の在り方を学修するに当たって，先入観や自己の経験からのみで生徒指導を解釈するのではなく，教育活動として行われる生徒指導の目的や教育的意義について，課題意識をもちながら考え，理解を図ることが教職を学ぶ者にとって大切なことである。また，生徒指導の目的や教育的意義の理解に立って，指導方法を考え，実践することによって初めて児童生徒の健全な成長を支える生徒指導となることを理解する必要がある。

〈資料・データ〉

「生徒指導」という言葉から思い出すこと（N＝95）

思い出す事項	実数	％
校則違反等のチェックのための検査・監視 ・服装検査，頭髪検査，所持品検査など ・登下校の指導（遅刻，自転車のヘルメット着用など）	61	64.2
問題の生徒の個別指導 ・指導室・職員室へ呼び出して説教，指導など ・エスケープした生徒の探索など	28	29.4
全校生徒あるいは学年全体に対する指導 ・朝礼のとき生徒指導の先生の注意・説教 ・夏休み前の生活についてのこまかい指導など	27	28.4
体罰・没収 ・校則違反者が教師に殴られる ・所持品検査の結果，違反物が没収される	16	16.8
個別面談 ・個別に担任に呼ばれて面接する ・進路についての相談	9	9.5
教師の校外パトロール ・ゲームセンター，デパート，繁華街のパトロール ・お祭りのときの見張り，深夜の監視など	9	9.5
体育教師 ・体育教師の叫び声 ・体育教師の暴力	6	6.3
その他 ・不登校*，いじめ，生活記録の提出，親の呼び出し等	5	5.3

＊原本「登校拒否」を書き換え。
出典：岩井勇児（1990）「『生徒指導』という言葉から思い出すこと」（愛知教育大学）

2　生徒指導に向けた学修内容

(1) 生徒指導の目的と意義

　生徒指導に関する学校・教職員向けの基本書である「生徒指導提要」(平成22年3月文部科学省)では、「生徒指導の意義」について、「生徒指導とは、一人一人の児童生徒の人格を尊重し、個性の伸長を図りながら、社会的資質や行動力を高めることを目指して行われる教育活動のことです。すなわち、生徒指導はすべての児童生徒のそれぞれの人格のよりよい発達を目指すとともに、学校生活がすべての児童生徒にとって有意義で、興味深く、充実したものになることを目指しています。生徒指導は、学校教育の目標を達成するうえで、重要な機能を果たすものであり、学習指導と並んで学校教育において重要な意義をもつものと言えます」と述べられている。

　ここでは、生徒指導が、児童生徒の人格を尊重しながら、個人的資質・社会的資質や行動力等を高めること、学校の教育活動であること、すべての児童生徒の人格の発達をめざすこと、有意義で充実した学校生活になること、そして、学校教育の目標を達成するための機能(役割)を担っていることなどが示されている。

　また、生徒指導は、学校教育で学ぶ「児童生徒自ら現在及び将来における自己実現を図っていくための**自己指導能力***の育成を目指すという積極的な意義」(同)があり、生涯にわたり児童生徒の生活や生き方等にもその意義が及ぶ教育活動であることも示されている。

　このような生徒指導の目的や教育的意義を踏まえると、生徒指導が問題行動への対応という狭義の指導と捉えるのではないこと、また、校則や授業規律を守らせる指導がどのように生徒指導の目的につながるのか、厳しい指導や叱責がこれらも目標達成のための正しい方法なのかを考える必要がある。

(2) 生徒指導の基本となる原理

　学校生活における児童生徒に対する生徒指導の内容や場は、それぞれ状況が異なり多様ではあるが、指導に当たる場合の教員としての基本的な考え方や態度は、はしっかりと理解し、身に付けておかなければならない。生徒指導の目的や対象、指導姿勢、領域、指導方法、指導体制などを整理すると表1-1のようになる。

表1-1 生徒指導の基本的な原理（筆者作成）

項目	定義的原理（方法）	指導上の配慮事項
①目的	児童生徒の自発性，自律性，自主性を養うことによって，その「**自己指導能力**」を育成していく。	前提 ・児童生徒の個性の伸長と社会性，協調性の獲得 ・自己を受容しながらの自己決定，問題解決の能力の育成 ・自発性，自律性，自主性の育成
②対象	特定の児童生徒だけでなく，すべての児童生徒を対象とする。	・問題児童生徒への治療的生徒指導 ・予防的な生徒指導 ・発達の助長的な開発的生徒指導 ・児童生徒による自己への指導を促す
③指導姿勢	児童生徒をかけがえのない固有の存在として，その人格を最大限尊重し，主にその発達的側面に働きかける。	・身体的，知的，情緒的，社会的な発達を促す ・生活環境や心理に関する理解を深める
④領域	学校生活の全ての領域において展開される営みである。	・教育課程内外のあらゆる活動や場面で。 ・生徒指導は，「目的」でなく「機能（はたらき）」 ・特別活動や課外活動との関連強い
⑤指導方法	児童生徒の心理的・環境的理解を前提にして，「個別指導」と「集団指導」によって進める。	・児童・生徒理解：心理的側面（能力，性格特性，興味・関心，悩み等）環境的側面（交友関係，家庭環境，地域条件等）
⑥指導者指導体制	すべての教師が協力して，行うともに，専門性を生かした役割により，責任の明確化を図る	・教師間の共通理解 ・生徒指導の計画化と生徒理解の深化 ・実際の協力的な指導の推進

〈資料・データ〉

参考：「生徒指導の意義」（「生徒指導の手引き（改定版）」文部省平成2年8月）

1 生徒指導は，個別的かつ発達的な教育を基礎とするものである
2 生徒指導は，一人一人の生徒の人格の価値を尊重し，個性の伸長を図りながら，同時に社会的な資質や行動を高めようとするものである
3 生徒指導は，生徒の現在の生活に即しながら，具体的，実践的な活動として進められるべきである
4 生徒指導は，すべての生徒を対象とするものである
5 生徒指導は，総合的な活動である

自己指導能力：「自己指導能力とは，その時，その場で，どのような行動が適切であるか，自分で判断し，決定して実行する能力であり，日常の学校生活の場面にける様々な場面における自己選択と自己決定によって培われる。」

3　生徒指導の理解と実践に向けた学修

（1）生徒指導の基本的となる学修内容

　生徒指導の目的や教育的意義を踏まえて実践し、具現化するために、一人一人の教員及び組織としての学校は、多面的にその在り方を理解し、実践化するための指導法や技能を身に付け、共通理解を図っていく必要がある。

　「生徒指導提要」では、生徒指導に当たって理解すべき事項として、下記の内容を提示して解説している。

　　　第1章：生徒指導の意義と原理
　　　第2章：教育課程と生徒指導
　　　第3章：児童生徒の心理と児童生理理解
　　　第4章：学校における生徒指導体制
　　　第5章：教育相談
　　　第6章：生徒指導の進め方
　　　第7章：生徒指導に関する法制度等
　　　第8章：学校と家庭・地域・関係機関との連携

　これらの内容は、生徒指導を学ぶ上での基礎基本となる学修内容である。

（2）組織的・体系的な生徒指導

　上記（1）で示された生徒指導提要において取り扱われる内容は、「ともすれば学校における生徒指導が、問題行動等に対する対応にとどまる場合」や「小学校段階から高等学校段階までの生徒指導の理論・考え方や実際の指導方法等について、時代の変化に即して網羅的にまとめた基本書等が存在せず、生徒指導の組織的・体系的な取り組みが十分に進んでいないこと」の指摘を踏まえたものである。さらに、児童生徒の抱える問題の背景の関係を踏まえ、「関係機関との連携やネットワークを強化したり、地域や青少年健全育成団体、家庭との協力」の必要性を重視したりして作成されている（「生徒指導提要」まえがき）。

　生徒指導の課題が多様化し複雑化する状況において、一人一人の教員の生徒指導に関する指導力を高めることは言うまでもないが、学校が組織的・体系的に指導に当たることなしには、課題の解決が困難であることや関係機関との連携が欠かせないことを理解し、その基本となる知識や情報を組織の一員である教員一人

一人が身に付けることが必要である。

(3) 生徒の発達の支援としての生徒指導

　生徒指導は，学校教育の目標を達成するための重要な機能（役割）を担っていることから，学校で展開される教育活動との関連を踏まえることは，特に重要である。

　中学校学習指導要領の教育課程の編成の原則（第1章第1の1）においても，「各学校においては，……生徒の人間としての調和のとれた育成を目指し，生徒の心身の発達の段階や特性および学校や地域の実態を十分に考慮して，適切な教育課程を編成するものとし……」と示され，学校における教育活動の実施に当たっての基本的な原則に生徒指導の目的が考慮されている。また，同書の「第3章教育課程の編成及び実施　第4節生徒の発達の支援」では，「生徒の発達を支える指導の充実　(2) 生徒指導の充実」が挙げられている（〈資料・データ〉参照）。

　このように生徒指導の学修に当たっては，教育活動全体からその在り方や具体的な指導の配慮事項なども含めたアプローチが必要である。

〈資料・データ〉
　中学校学習指導要領解説総則編　「第3章教育課程の編成及び実施　第4節生徒の発達の支援　1生徒の発達を支える指導の充実」では，(1) 学級経営，生徒発達の支援 (2) 生徒指導の充実，(3) キャリア教育の充実 (4) 指導方法や指導体制の工夫改善など個に応じた指導の充実」について解説がなされている。

> (2) 生徒指導の充実（第1章第4の1）(2) 生徒が，自己の存在感を実感しながら，よりよい人間関係を形成し，有意義で充実した学校生活を送る中で，現在及び将来における自己実現を図っていくことができるよう，生徒理解を深め，学習指導と関連付けながら生徒指導の充実を図ること。

4　生徒指導の内容と今日的課題

（1）学校教育における生徒指導の位置付けと内容

　学校教育の両輪は，「学習指導」と「生徒指導」（「生活指導」）といわれるように，児童生徒が学校教育を通して「生きる力」としての「確かな学力」や「豊かな人間性」「健やかな身体」を身に付けるためには，学校内外におけるすべての生活に関して，両方の内容が充実し，相互に関連をもって機能しなければならない。

　このことから，生徒指導は学校の学習活動の中心となる学業指導，自らが健康・安全に生活するための指導，学校・学級での生活や人間関係を含めた適応指導，集団や社会生活を送るための社会性の育成，将来の進路にかかわる指導，問題行動を予防する指導など多岐にわたる（表1-2）。これらの指導を学校教育として，意図的・計画的・組織的に教育課程に位置づけて行われるようにすることが必要である。

（2）生徒指導の内容

　生徒指導の具体的な内容は，幼稚園・小学校・中学校・高等学校などの校種や各学校の実態によって異なり，重点課題や緊急性などを踏まえて決められる。

　各学校においては，自校の生徒指導上の課題を全教職員で分析・整理し，優先順位等を考慮して，目標や具体的な指導内容について指導方針を明確にして，共通理解を図り，計画的・組織的に指導を実施する必要がある。

（3）時代の変化と生徒指導上の課題

　児童生徒が，社会や時代の影響を受け，様々な生徒指導上の問題を抱えてきたことを踏まえ，その時代の背景（児童生徒に与える影響）や子どもたちの意識や生活の変化を分析し，生徒指導の内容についても適時性や柔軟な対応が求められることを理解する必要がある。

　戦後の社会情勢と生徒指導上の問題の変遷については，表1-3「戦後の問題行動等の推移や背景とその対応」（国立教育政策研究所）に示されるが，子どもたちや若者が社会や時代の影響を受けている状況がわかる。

　現代の子どもたちは，スマホや携帯電話を所持し，インターネットやSNSの

世界に入り込み，様々な犯罪や予想しない加害者や被害者になる。また，いじめの形態も陰湿化，潜在化し，不登校なども沈静化には至っていない。コミュニケーション能力や自尊感情の低下などの課題も顕在化している。生徒指導の日々の対応とともに，時代的要因や子どもたちの動向にも関心をもつことが必要である。

表1-2　生徒指導内容例（中学校）

内容項目	具体的な指導内容
①健康・安全に関する指導	・交通安全　・地震災害の理解・訓練　・犯罪から身を守る方法 ・薬物乱用防止
②学業上の指導	・つまずき・遅れへの支援　・学習習慣の定着 ・計画的な学習　・学習への関心
③道徳的・社会的規範に関する指導	・規範意識の醸成　・自他の尊重，人権教育　・欲求の抑制 ・情報モラル
④基本的生活習慣に関する指導	・生活・学習習慣の定着　・就寝・食生活の改善 ・あいさつ・礼儀作法
⑤性格や行動特性に関する指導	・偏った性格（内向性，情緒不安定，粗暴的傾向，盗癖，虚言癖）
⑥家族関係や友人関係などの人間関係の指導	・家族兄弟との関係　・親の養育態度　・いじめ ・コミュニケーション能力
⑦余暇利用に関する指導	・休日の過ごし方　・趣味　・スポーツ　・ボランティア　・遊び場
⑧男女交際や性に関する指導	・相互理解　・交際マナー　・男女平等の精神　・性に関する知識理解
⑨進学・就職に関する指導	・進学・就職指導　・職業観・勤労観　・キャリア教育　・進路計画
⑩問題行動の予防に関する指導	〈反社会的問題行動〉・暴力，いじめ，窃盗 〈非社会的問題行動〉・不登校　・ひきこもり　・自殺

〈資料・データ〉

表1-3 「戦後の問題行動等の推移や背景とその対応」(国立教育政策研究所)

年度	問題行動等の動向	文部科学省(文部省)等の対応	社会状況等
昭和20 (1945)			・浮浪児問題
21		・教育基本法、新少年法制定	・少年法制定
22		・児童懲戒権の限界(法)	・冷戦時代
23		・体罰禁止の教師心得(法)	
24			
25	・高校進学率43%超		
26	・少年非行第1のピーク		
27			・テレビ開局
28			
29			
昭和30 (1955)	・少年の自殺増加 ・高校進学率52%超		・高度成長 都市人口集中
31			
32			
33	・カミナリ族	・暴力行為根絶の通知(文)	
34	・刃物事件多発		
35	・高校進学率60%超		・所得倍増
36			
37			
38	・生徒による非行増加		
39	・少年非行第2のピーク	・生徒指導の手びき(生徒指導資料第1集)発行	・東京オリンピック
昭和40 (1965)	・期待される人間像 ・高校進学率70%超 ・家出少年増加 ・登校拒否(50日以上)1万6000人超 ・シンナー乱用増加	・登校拒否(50日以上)調査開始	過密、過疎
41			
42			・中流意識、核家族
43			
44	・学生紛争、高校生の反体制暴走拡大	・学級担任の教師による生徒指導資料	
45	・少年非行低年齢化 ・高校進学率80%超		・大阪万博 三無主義
46	・性の逸脱行動、シンナー乱用少年補導増加		
47		・中学校におけるカウンセリングの進め方に関する資料	・石油ショック
48	・高校進学率90%超		
49	・遊び型非行、暴走族、対教師暴力増加	・生徒指導主事制度化・生徒指導の推進体制・生徒指導の諸問題に関する資料	・ロッキード事件
昭和50 (1975)	・初発型非行の増加		

年	事項	文部省・文部科学省の施策等	社会情勢等
52	・落ちこぼれ問題	・問題行動をもつ生徒の指導に関する資料	
53	・〈犯少年増加		
54	・校内暴力頻発、登校拒否増加傾向	・生徒の問題行動に関する基礎資料	・家庭内暴力増加
55		・生徒指導の手引改訂	
56	・登校拒否2万人超、生徒指導暴力増大	・校内暴力、高校中退調査開始・小学校生徒指導資料	・横浜浮浪者殺傷事件
57	・少年非行第3のピーク	・出席停止等措置の通知	・臨時教育審議会
58	・いじめ事件増加、登校拒否3万人超		
昭和60 (1985)	・いじめ事件増加	・いじめ問題通知、調査開始	・バブル経済
61	・いじめによる自殺増加	・生活体験や人間関係を豊かなものとする生徒指導資料	
62	・薬物乱用増加		
63	・登校拒否4万人超	・校則見直し	
平成元 (1989)			・ベルリンの壁崩壊
2	・ダイヤルQ2問題	・学校における教育相談の考え方進めに関する資料	・残虐ビデオ等問題
3	・高校生非行増加・登校拒否 (30日以上) 6万6000人超	・登校拒否 (30日以上) 調査開始	・バブル崩壊
4		・適応指導教室設置	・学校週5日制 (月1回)
5			
6	・いじめ事件、自殺増加	・いじめ問題通知、アピール	・児童の権利条約批准
7	・登校拒否8万人超	・スクールカウンセラー活用調査研究委託事業開始	・阪神淡路大震災
8		・いじめ問題への総合的取組	
9			・神戸少年事件
平成10 (1998)	・少年非行の凶悪化・不登校10万人超	・問題行動報告書　・暴力行為、不登校調査見直し	・中教審「心の教育」
11	・中学生等による殺傷事件多発	・問題行動等に関する調査研究報告書	・ケータイ普及・倒産
12	・学級崩壊の論議・児童虐待の問題	・学級経営の充実に関する調査研究報告書	・同時テロ・少年法改正
13	・17歳の犯罪	・問題行動システム・問題行動等・不登校調査議会報告書	・完全学校週5日制
14	・ひきこもり問題、安全確保・管理の問題	・地域教育支援システム・生徒指導資料第1集(国研)発行	・イラク戦争
15	・出会い系サイト等の問題・不登校児童生徒数減少	・不登校報告書・生徒指導重点プログラム	・インド洋大津波
16	・少年の重大事件発生　・ニート問題	・問題行動対策重点プログラム	・イラク戦争
17	・小学生による事件多発　・自殺	・新万博に関する施策・懲戒・体罰に関するとりまとめ・教育三法改正	・愛知万博・災害多発
18	・中学生、高校生を苦にした自殺	・教育基本法改正、懲戒・体罰に関するとりまとめ、教育三法改正	・福岡飲酒運転事故多発
平成19 (2007)	・不登校増加、インターネットをめぐりたいじめ	・教育相談の充実に関するとりまとめ	・少年法改正

(注) 本表は、内閣府『青少年白書』(平成14年度版)、文部科学省「生徒指導上の諸問題の現状と文部科学省の施策について」(平成15年)、『現代用語の基礎知識』(1998年版)』(自由国民社) などを参考に生徒指導研究センターが平成15年に作成したものに、追加したものである。

第1章　生徒指導の基礎理解と学修の視点

5　生徒指導に関して教員に求められる力量

(1) 生徒指導を進めるための基盤となる能力

　これまで，生徒指導に関して学修すべき内容について概説してきたが，これらのことを実践する教員には，どのような資質・能力が求められているのだろうか。

　生徒指導に関する教員研修の在り方研究会は，「生徒指導を展開するために必要な能力」(「生徒指導に関する教員研修の在り方について（報告書）」平成23年6月) として，① 教員が肯定的な児童生徒観に立ち，共感的・尊重的態度で接することを通して，「児童生徒一人一人の信頼関係を構築する能力」，② 子どもの個別性や多様性を尊重する姿勢と資料や観察を通して，「一人一人，あるいは子ども集団の状況や心理を理解し，ニーズを特定する能力（アセスメント能力）」を挙げている。そして，これらの能力を基盤として，児童生徒の自己指導能力を育てる技法や手法を身に付けることを求めている。さらに，③ 生徒指導は教員一人で実践するものではなく，学校全体，関係機関や地域・家庭との連携・協働して組織的に推進すべきものとして，「学校内外の関係者と連携してチームとして活動する姿勢と能力」がある。

　また，「一般教員に求められる基礎的な力量」として，上記の能力を身に付け，生徒指導の理論に基づき，児童生徒理解や他の教員・保護者と連携して「学級での生徒指導や教科における生徒指導を毎日の学級で実践できる力量」を挙げている。

(2) 理論と実践の往還をめざした学修のために

　生徒指導の理解や指導力を身に付け，実践力を高めるには，他の教育活動と同様に「理論と実践（実際）」の往還が必要である。学修した知識や理論を指導に生かすためには，子どもたちの実際の姿を通して確かめなければならない。教職課程の学修や活動の場においても子どもたちや学校の指導の実際に触れておくことが必要である。実際には3・4年次の教育実習や学校インターンシップの機会があり，実際の指導の現場を観察したり，現職教員の指導の下に，子どもたちとかかわり，生徒の指導や支援の体験を行うことになる。このような機会においては，課題をもって臨み，様々な理論や方法について，検証や振り返りを行い，生徒指導の基礎基本について理解を深めたい。生徒指導は，学校や子どもの実態に

よって内容や方法が大きく異なり，求められる技能や態度も違っている。このような実態を体験することを通して，子どもたちとの信頼関係の築き方を学び，基本を踏まえた効果的かつ柔軟で適切な生徒指導が行えるのである。

このほかにも，学校ボランティア，教育支援員，学習補助員，校外学習補助員などの名称で呼ばれる学校教育や児童生徒の学習・生活に関りをもつ機会がある。各校種の児童生徒の実態や生徒指導の実態を知ったり，様々な課題や障害のある子どもたちとの交流を通しながら，指導に当たる教員としての実感と理解を図ることができる。学校以外にも図書館や児童館などの社会教育施設等での活動支援の機会があり，子どもたちとかかわる活動を通して，学校とは違った生活や意識の理解を図る機会となる。

（3）生徒指導の理解の深化をめざして

生徒指導には，すべての児童生徒や学校に共通する万能な指導の理論や方法は存在しない。教員は日々「理論と実践の往還」を繰り返し，様々な児童生徒にかかわりながら生徒指導の在り方を模索し，自己の指導力の課題に気付き，改善を図っている。このことは，教職の難しさであり，やりがいでもある。生徒指導を学ぶ学生においても，積極的にこのような機会を設けて，生徒指導の理解の深化を図ることを望みたい。

生徒指導が児童生徒の生涯にわたる生活や生き方に大きくかかわることを理解し，指導によって生き生きと学校生活を送り，社会において自己実現や社会の一員として活躍できるような指導が行える教員をめざし学修を深めてほしい。

〈資料・データ〉
※教職課程コアカリキュラム「生徒指導の理論及び方法」においては，全体目標「（前略）…他の教職員や関係機関と連携しながら組織的に生徒指導を進めていくために必要な知識・技能や素養を身に付ける」とし，一般目標に（1）生徒指導の意義や原理を理解する（2）すべての児童及び生徒を対象とした学級・学年・学校における生徒指導の進め方を理解する（3）児童及び生徒の抱える主な生徒指導上の課題の様態と，養護教諭等の教職員，外部の専門家，関係機関等との校内外の連携も含めた対応の在り方を理解する，が示されている。

授業におけるアクティブ・ラーニング

1 討論・ディベートのテーマ提示

① 「担任・全教職員による生徒指導」VS「専門職による指導」

※日本では学級担任や全教職員が生徒指導にかかわるが,欧米では担任は,授業が中心であり,生徒指導は,管理職や専門職員(スクール・カウンセラー(SC),スクールソーシャルワーカー(SSW))などが中心になって行われることが多い。効果と課題をテーマとする〈ディベート〉

② 学校の校則(ex 標準服,頭髪検査など)は必要か。〈討論〉

2 グループワークの課題

① 自分の受けてきた生徒指導の実態と課題(KJ法による)
  ・具体的な指導の内容,教員の指導の問題の整理
② 生徒指導を行う上での教師に求められる資質・能力とは何か
  ・ブレーンストーミング,KJ法,パネルディスカッションなど

3 調べ学習課題の提示

・「学校における生徒指導のきまり(校則)」にはどのようなものがあるか。
※出身の小学校〜高校の校則を持ち寄り,共通性や特殊性,必要性について,自分の意見をまとめる。(この調査をもとにグループワーク等を行う)

4 体験学習の紹介

・「少年センター」への訪問また,所員による講演等。

5 ロールプレイング・場面指導の課題

例「きまりを守らない生徒の指導場面」
　① 生徒役と担任役を決めて,10分程の指導場面を演ずる。
　② 生徒役・担任役の感想・意見。
　③ 見学者からの感想意見(特に担任の指導について)。
　④ 全員で,どのような指導となればよいかを討論する。

リマインド・振り返り

1 本章のまとめ（論点整理）
① 生徒指導の実際においては，本来の生徒指導の目的や教育的意義とは異なる狭義の生徒指導が行われていたり，教員による厳しい指導のイメージとなっていたりしていることから，生徒指導を正しく理解することが必要である。
② 生徒指導は，「一人一人の児童生徒の人格を尊重し，個性の伸長を図りながら，社会的資質や行動力を高めることを目指して」全教育活動を通して行われる教育活動である。
③ 生徒指導に関する学修内容は，生徒指導提要等に示されており，理論の理解と実践を通して身に付くものである。

2 発展的課題の提示
①「生徒指導上の今日的課題として，どのようなことが考えられるか。」
②「いじめ（または，不登校）の指導に当たっては，どのような学修が必要となってくるか」

3 レポート課題の提示
①「あなたが，教員として生徒指導を行おうとするとき，どのような不安がありますか。また，今後の学修で身に付けていかなければならないことは，どのようなことだと考えていますか」
②「教育ボランティアや教育実習等において，あなたが観察や体験した事例を挙げて，生徒指導の目的や方法の観点から考察し，優れた点や課題を挙げなさい」

4 リアクションペーパーの課題例（授業時の提出課題）
① 自分の中学校（または，小・高）の生徒指導の事例を１つ挙げて，教育的意義や指導法についての考えを述べなさい。
② 自分が生徒指導を行うに当たって，どのような学修を行い，身に付けていきたいと考えているかを述べなさい。

（和田　孝）

第 2 章

学校教育における生徒指導の教育的位置づけと意義

〔レディネス〕

1　家庭でのしつけとは何かを考えてみよう。
　　まず，親から自分自身が受けてきたしつけを思い出してみよう。小学生の時はどんなことで叱られ，どんなことでほめられたか。中学生の時はどんなことで叱られ，どんなことでほめられたか。高校時代はどんなことで叱られ，どんなことでほめられたか。
2　学校にはどんな校則があったか思い出してみよう。
　　小学校にはどんな校則があって，それをどのように守るように言われたか。中学校にはどんな校則があって，それをどのように守るように言われたか。高校時代はどんな校則があり，それをどのように守るように言われたか。
3　中学高校時代に学校での校則違反に対しては，どのような指導・罰則があったか思い出してみよう。

〔事前学修・活動〕

　以下の内容を事前に調べて授業に臨むこと。
1　discipline の意味を調べてみよう。
2　guidance の意味を調べてみよう。
3　school regulation（code）の意味を調べてみよう。
4　paternalism の意味を調べてみよう。
　その上で義務教育はパターナリズムの考え方を基本にして校則遵守の指導をしているという意味を考えてみよう。

〔基本解説〕
1 　本章の学修のねらい

　本章のねらいは，各学校における生徒指導の教育活動としての位置づけを明確化し，その教育的意義を理解することである。まず，生徒指導の教育的位置づけを教育法規等，教育課程上，及び学校経営上の３点から検討する。その上で生徒指導の将来の方向性を見定めるとともに，生徒指導をテーマとした学級活動の授業例を提案する。

2 　本章の課題とその背景

　各学校における様々な生徒指導上の課題について教員集団は，学級担任を中心に対症療法的な対応や校則違反指導などに終始する状況がある。これらを乗り越えながら教員集団の協同的，開発的な生徒指導に転換していくことが期待されている。その具体的方法や可能性について検討する。

3 　本章の到達目標

(1)生徒指導の意義の理解を端緒として，教育法規や学習指導要領・生徒指導提要の文言から教育的位置づけを明らかにする。

(2)教育課程内外における生徒指導の教育的位置づけを明らかにする。

(3)学校経営上の観点から学級担任，スクールカウンセラー，生徒指導主事の役割，そして組織的な生徒指導の教育的位置づけを明らかにする。

(4)新しい生徒指導の方向性としてチームガイダンスなど子ども中心システムの生徒指導観を検討する。

(5)開発的な生徒指導の一つとして支え合いのグループワークを用いたアクティブ・ラーニング型授業の実践例を考察する。

4 　本章の学修の流れ

　　　　　(1)＋(2)＋(3)　─────▶　(4)＋(5)

5 　実践的な活動（指導）との関連

・生徒指導と教育法規・教育課程との関連についてグループで議論する。

・生徒指導の様々なアプローチ，特に組織的な生徒指導（チームガイダンス）の将来の可能性についてグループで検討する。

・事例を参考にグループワークシートを作成し，生徒指導の授業を試みる。

1　教育法規等における生徒指導の教育的位置づけ

『生徒指導提要』では生徒指導の意義を,「自己実現を図っていくための自己指導能力の育成を目指す」(文部科学省 2010：1) こととしている。ここで自己実現とは,「人間が,自己の潜在的能力や可能性を成長・発展させていきたいという欲求をもち,それらを具体化,現実化していくこと」(柴田・宮坂・森岡 2004：59) と定義される。また,自己指導能力は,自制心 (self-control) とほぼ同義語と判断できる。すなわち,自己指導とは,ブレーキ機能に加えてアクセル機能を持ち合わせることで,両機能を調整しながら自己実現に向けて確実に働かせることである。

本節では生徒指導の教育的位置づけを,まず,教育法規や文部科学省刊行物などから検討する。たとえば教育基本法では,教育の目的が人格の完成をめざして心身ともに健康な国民を育成することであるとする。子どもの学習権を保障するだけではなく,健全な心身の発達や豊かな人間性の育成まで期待していることとなる。具体的には道徳心を培うこと,自主及び自律の精神を養うこと,正義と責任,男女の平等,自他の敬愛と協力を重んずること,さらに主体的に社会の形成に参画するなどが教育目標の中に挙げられている (第2条)。

次に学校教育法では,義務教育段階の教育目標 (第21条1) として規範意識や公正な判断力及び公共の精神を身に付けることが示されている。一方高等学校段階では,個性の確立とともに社会についての広く深い理解と健全な批判力の養成などが教育目標 (第51条3) に付け加えられている。このように子どもに求められる教育の成果は,各学校段階での学習内容の理解や定着などから,学校や家庭・地域での基本的生活習慣の確立や職業観・勤労観の育成,将来の進路選択まで及んでいる。

文部科学省が概ね10年を節目に改訂する国家レベルの教育課程 (national curriculum) の編成基準が学習指導要領である。2017 (平成29) 年3月に告示された中学校学習指導要領の第1章総則の「第4　生徒の発達の支援」(文部科学省 2018：25-27) においては,以下の通り生徒指導に関する内容項目が詳しく記述されている。

① 教師と生徒及び生徒相互のよりよい人間関係を形成するために生徒理解と学級経営を充実させること

② ガイダンス（主として集団場面での必要な指導や援助）とカウンセリング（一人一人が抱える課題への個別の対応）との両面から支援すること
③ 将来における自己実現と社会的・職業的自立を目指して，特別活動を要にキャリア教育の充実を図ること

さらに第1章総則の「第5 道徳教育に関する配慮事項」（文部科学省 2018：28）では，以下のような生徒指導と強く関連する，すべての教育活動を通して行う道徳教育及び道徳科（第3章 特別な教科 道徳）で取り扱う内容項目が示されている。
① 自立心や自律性を高め，規律ある生活をすること
② 法やきまりの意義に関する理解を深めること
③ いじめ防止や安全の確保等に留意すること

また，「第5章 特別活動」では，「いじめの未然防止等を含めた生徒指導との関連を図るようにすること」（文部科学省 2018：166）など，学級活動の時間においても生徒指導の教育的な意義が達成されることを求めている。

2000（平成12）年創設された日本生徒指導学会では，生徒指導に関する学問的な探究の先進する役割を担ってきた。現在会長の森田洋司は今後の生徒指導の方向性について，「『個』を基軸とした指導だけでなく，『公共』を基軸とした生徒指導をいかに展開するかが問われる時代になってきている」（森田 2015：9）と指摘し，生徒指導における社会的リテラシー「社会の形成者にふさわしい資質や能力」（森田 2015：10）の育成の意義を強調している。

〈キーワード〉 **自己実現　自己指導能力　規範意識　生徒理解**
健全な批判力　ガイダンス　カウンセリング　いじめ防止

2　教育課程内外における生徒指導の教育的位置づけ

（1）教科外教育の授業における生徒指導

　各教科科目の授業に対して道徳科や総合的な学習の時間，学級活動やホームルーム活動の時間を総称して教科外教育と記述することとする。本節では主に教科外教育の時間における生徒指導の教育的位置づけについて検討する。

　まず，『生徒指導提要』では道徳教育と生徒指導の関係について，「道徳教育で培われた道徳性や道徳的実践力を，生きる力として日常の生活場面に具現できるように援助することが生徒指導の働き」（文部科学省 2010：25）であるとしている。また，生徒理解を深めるなどの生徒指導の充実や生徒指導上の問題を教材化して道徳科の授業で用いることが，道徳教育に役立つ生徒指導となると説明している。特に道徳科の授業と生徒指導の密接な相互関係について七條正典は，これまでの対症療法的としての生徒指導（課題解決型）を一歩進めて，「例えば生命観を豊かにする道徳性を育成することによって，問題行動に向かおうとする情動を少しでも制御すること，すなわち，成長促進型の生徒指導の具体化につながる」（七條 2015：61-62）と指摘している。

　次に総合的な学習の時間は，まず，2018（平成30）年3月に告示された高等学校学習指導要領から総合的な探究の時間に名称変更したことがある。したがって本章ではこれ以降，総合的な学習（探究）の時間と記述することとする。この総合的な学習（探究）の時間の目標の1つに「自己の生き方を考えていく」（文部科学省 2018：159）ことがある。『生徒指導提要』では，これを生徒指導との関連から，「生徒が自己を生かし，自己を模索し，自己を振り返り，自己を創る過程を援助する」（文部科学省 2010：29）ことであるとする。なお，総合的な学習（探究）の時間の探究課題として例示されている「職業や自己の将来に関する課題」（文部科学省 2018：160）を考慮すると進路指導・キャリア教育との関連を重視することも必要となる。

　最後に学級活動・ホームルーム活動における生徒指導の教育的位置づけは，特別活動を通して育成される3つの資質・能力，①　人間関係形成力，②　社会参画力，③　自己実現（力）を確かに高めていくことと通底するものである。とりわけ学級活動・ホームルーム活動で取り扱う内容（2）「日常の生活や学習への適応と自己の成長及び健康安全」は，森嶋昭伸が，「生徒が日常生活を営む上で必

要なさまざまな行動の仕方を身につけるよう計画的,発展的に指導・援助する教育活動である。その意味で学級活動・ホームルーム活動は,各教科等の時間以上に生徒指導の機能の充実と深く関わっている」(森嶋 2015：70) と指摘する核心部分である。

(2) 教科外活動や課外活動における生徒指導

中高特別活動から学級活動・ホームルーム活動を除いた残る2つの内容領域が生徒会活動と学校行事である。週時間割上には示されないが,生徒指導との関連性が強い。学校行事への主体的運営や協力など自治的な活動を通して社会性や公共の精神を身につける。異年齢集団による交流を通して共同体精神や社会貢献の実際を学び,実社会で生きることへの感謝や喜びが期待できる。

放課後等で行われる部活動は中学校学習指導要領総則で示されている通り,「責任感,連帯感の涵養等,学校教育が目指す資質・能力の育成に資するもの」(文部科学省 2018：27) であり,余暇の善用からチームワーク,規範意識や忍耐力が身につくなど,生徒指導という観点でも教育的意義が高い。さらに中学校学習指導要領では,「ボランティア活動,自然体験活動,地域の行事への参加などの豊かな体験を充実する」(文部科学省 2018：28) ことにも言及している。これは雄大な自然環境や人間の生命力に触れるなどの感動体験を重ねるという観点から,積極的な生徒指導の重要性を指摘するものである。

〈キーワード〉　道徳性　道徳的実践力　自己の生き方　人間関係形成力
　　　　　　　社会参画力　自己実現　自治的な活動　ボランティア活動

3　学校経営における生徒指導の教育的位置づけ

（1）学級担任中心の生徒指導——自治活動的アプローチ

　もちろん『生徒指導提要』が指摘している通り，学校の生徒指導は，「全教職員がその役割を担い，全校を挙げて計画的・組織的に取り組む」（文部科学省 2010：76）ことが肝要である。しかし小学校と中高の制度の違いはあるものの，ともに学級担任・ホームルーム担任の果たす役割は大きいといえる。

　学級担任・ホームルーム担任は生徒理解を基盤として，学級経営・ホームルーム経営を行い生徒相互の望ましい人間関係を構築する。また，道徳科や学級活動・ホームルーム活動の授業を実施し，話合い活動や共同作業を通して道徳性の高揚や合意形成力の育成をめざす。さらに生徒集団の自治的な活動を促し，たとえば，「よりよい生活を築くために自分たちできまりをつくって守る活動」（文部科学省 2018：329）などは，学級担任・ホームルーム担任の指導の工夫によって他者との協働的な学びを日常の学校生活の中に具体化すること，いわゆる学級づくりに他ならないのである。

（2）スクールカウンセラー中心の生徒指導——教育相談的アプローチ

　スクールカウンセラー（以下，SCと略記する）の配置は，平成7年度に全国公立小中高を対象として154校から開始され，平成27年度には2万2,373校（計画値）まで拡充している。SCはカウンセリング心理学などを学んだ有資格者で生徒・保護者等への直接的カウンセリングや教職員へのコンサルテーション，教育相談に関する校内研修活動などの職務を担当している。

　各学校では教育相談室の設置や教育相談研修会を開催して生徒・保護者等の困り事・悩み事の解決と教職員の相談力向上を図っている。SCが行うカウンセリングに対して（学校）教育相談とは，『生徒指導提要』の中で，「すべての児童生徒対象に，あらゆる教育活動を通して行うものである以上，すべての教員が，適時，適切に行うことが必要です」（文部科学省2010：98）と示すように，生徒指導の一環として位置づけられる教育活動と解釈されている。

（3）生徒指導主事中心の生徒指導——教育法規的アプローチ

　生徒指導主事は学校教育法施行規則第70条に規定されており，『生徒指導提要』

によれば,「生徒指導全般にわたる業務の企画・立案・処理」(文部科学省 2010：80) を職務とする。また,管理職員との連絡・調整や学級担任などへの指導・助言,地域住民や関係機関への働きかけなど,広範囲まで多岐にわたり担当する。生徒指導の実務に熟知し,関連法規(児童福祉法,少年法等)にも明るいことが求められる。

　たとえば少年法には,① 保護・教育主義「少年の保護・教育という独自の観点から少年事件は特別の手続きで審理する」,② 科学主義「専門的な知見に基づいて早期に発見し処遇しようと努める」,③ 個別主義「少年は発達途上にあり可塑性に富むことを考慮して個別処遇を講ずる」(関 2013：8) という福祉的機能があり,これを踏まえながら学校における教育的指導や懲戒の程度が検討されることとなる。

(4) 教員集団チームによる生徒指導――組織的なアプローチ

　近年の組織的な生徒指導で注目されているのがチームガイダンス(木内 2016：54) などチームによる支援方法である。生徒指導主事中心の生徒指導はトップダウン型であるが,チームガイダンスは児童生徒との関係性を重視したボトムアップ型の生徒指導といえる。

　児童生徒が学校でかかわる大人は,学級担任以外に養護教諭(栄養教諭),生徒指導主事,クラブ顧問,行事担当教員,学校医・SC・スクールソーシャルワーカー(SSW) などの専門家を含めて多数である。たとえば木内(2016：54)はこのメンバーから専門性と相性を考慮してチーム編成し,定期的カンファレンスと直接的かかわりを継続的に行う指導を提案している。児童生徒を取り巻く大人集団の協同的な生徒指導の試みといえよう。

〈キーワード〉　学級づくり　(学校)教育相談　少年法　チームガイダンス

4　発達支援からの生徒指導の方向性とその意義

（1）Discipline（しつけ）からGuidance（案内・方向づけ・引率等）へ

　学校でのしつけ（躾方）は，1890（明治15）年に能勢栄が著した『学校管理術』が最初となる（藤田 1996：109）。一方，大正末期に登場した生活指導という文言は，昭和期に入って生活綴方教育運動へと発展する。生活綴方とは，「子どもが生活のなかで見たり，聞いたり，考えたり，感じたりしたことを綴ることを基礎に，その綴方を『生活勉強』と呼ばれる共同学習のなかで批評し合う過程を指導する」（藤田 2010：64）ことと定義される。

　戦後アメリカから導入されたガイダンス運動は，文部省によって生徒指導と訳され現在に至っている。一方，臨床心理学の技法ともいえるカウンセリングでは，ロジャーズ（Rogers, C. R.）のクライエント中心療法が日本に紹介され1960年代に学校教育へ急速に浸透した。近年は学校教員が行うガイダンスとSCが主に担当するのカウンセリングとの連携・調和的な生徒指導が主流となっている。

（2）学級担任中心システムから児童生徒中心システムへ

　前節で述べた通り学級担任は生徒指導の中心的存在である。毎日の学校生活での遅刻や無断早退，異装・着崩しなどからSNS（ラインなど）を用いたいじめの陰湿化まで対応すべき問題行動は複雑・多様化している。近年はバーンアウト（燃え尽きる）する学級担任も増加中である。このように生徒指導などの学校業務が学級担任に集中する傾向はすでに数十年前から指摘されていた。この状況を乗り越える方法原理が，図2-1のような子ども中心の生徒指導へのシステム転換である（木内 2016：54）。

　図2-1の右側部分が前節（4）で示したチームガイダンスに相当し，チームによる組織的な支援方法の原理となっている。学級担任を含めた児童生徒をよく理解する複数の教員・専門家グループが一人一人の児童生徒に最も適した生徒指導方法を選択し，継続的に解決まで支援するシステムである。

（3）危機管理的・対症療法的から予防的・開発的へ

　特に中高の学校現場は様々な校則・法令違反や重大な問題行動などに対応する必要があるため，危機管理的・対症療法的な生徒指導を主流とする状況がある。

一方表2-1は前節2～3までに説明した通り、教育課程内外に位置づけられた生徒指導に関連する各教育領域と、生徒指導を推進する担当者及びアプローチ方法を分類・配列したものである。今後は生徒指導を題材としたアクティブ・ラーニング型授業やチームによる支援方法など、予防的・開発的な生徒指導に期待が寄せられているといえよう。

図2-1　学級担任中心システムから子ども中心システムへの転換

表2-1　生徒指導の関連教育領域と中心的担当者

	中心 ←——教育課程内——→ 周辺	教育課程外（hidden）
組織的 ↕ 専門職的	人格教育・道徳教育 教科教育 学校行事・生徒会・クラブ活動 道徳・総合・学活HRの授業　学級担任中心 （自治活動的アプローチ）	生徒指導主事中心 （教育法規的アプローチ） チームによる支援中心 （組織的アプローチ） 部活動・ボランティア SC中心 （教育相談的アプローチ）

〈キーワード〉　ディスプリン　生活綴方教育　子ども中心システム

5　生徒指導の授業化における教育的意義

　開発的な生徒指導の実践事例として，生徒指導に関する題材をテーマとしたアクティブ・ラーニング型授業の取り組みがある。木内は学級活動やホームルーム活動の時間を用いて生徒同士の協同性を発揮・促進する課題解決的なグループワーク演習を考案した。その一つが支え合いのグループワーク（以下，支え合いGWと略記する）による授業である。表2-2は，「子ども時代からの夢を振り返る」というテーマの支え合いGWで使用するワークシートである（木内 2016：205-206）。表2-3は授業の学習過程を示したもので，活動内容や指導上の留意点の詳細が分かる。

　木内らは中高生対象にホームルーム活動で支え合いGWを演習する以外に，実践的指導力の養成を目的として学校教員対象にも講習会等でこの授業方法を実施してきた（鈴木・木内 2018：21-31）。2017年9月の教員講習会では，参加教員40名がメンバーの教員4名から受け取った応援メッセージ計160件のすべてに感謝ラインが引かれていた。結果として応援メッセージの効果を全教員が体験的に理解したこととなった。

　支え合いGWで用いた応援メッセージの学問的根拠は，アドラー（Adler, A.）の共同体感覚と勇気づけ（encouragement）である。40名の生徒がホームルーム活動で相互に勇気づけ合い自己尊重感（self-esteem）や居心地のよさを高めるという教育的意義がある。すでに生徒指導用のテキスト（嬉野市教育委員会 2015）も作成されており，生徒指導に関する題材をテーマにグループ単位で議論し合う授業実践も報告されている。このように生徒指導の授業化への要請はますます高まりつつある。

表2-2 ワークシート「子ども時代からの夢を振り返る」(縮小版)

あなた自身のことについて教えて下さい。子ども頃に描いた将来の夢の数々を思い出し，初めて描いた 将来の夢から順番に記入して下さい。 ＊ただし，知られたくないことは書かないこと！
1．グループ内での個人作業（エピソードを記入する） 　(1)生まれて初めて描いた将来の夢とその理由　　(2)次に描いた将来の夢とその理由 　(3)その次に描いた将来の夢とその理由　　　　　(4)その次に描いた将来の夢とその理由 　(5)その次に描いた将来の夢とその理由　　　　　(6)現時点での将来の夢と悩み，課題など
2．グループ内での相互検討（**応援メッセージ**を記入する） 　(1)　　　　　　　(2)　　　　　　　(3)　　　　　　　(4)
3．グループでの最終個人検討（**応援メッセージ**を読んだ感想・感謝の言葉を書く）

表2-3 支え合いGW「子ども時代からの夢を振り返る」の学習過程

段階	学習活動・内容	指導上の留意点
導入	グルーピング＆アイスブレーキング	・はじめに自己紹介と実験授業の趣旨説明を行う
展開	①グループ内での個人検討 ・エピソードをワークシートに記入する	・指示以外は無言で作業を行う ・配付資料と解説を参考にエピソードを書く
	②グループ内での相互検討 ・ワークシートを順番に回し読む ・相互に**応援メッセージ**を記入し合う	・メンバーの描いたエピソードを理解する ・配付資料に基づき勇気づけの意味を理解する ・前の人とは異なる**応援メッセージ**を記入する
	③グループでの最終個人検討 ・**応援メッセージ**を読み**感謝ライン**を引く ・感想や感謝の言葉を記入する	・勇気が出た，元気になった，楽になった，明日から一歩踏み出す気持ちになったなど，気持ちが上昇した言葉に赤い下線（**感謝ライン**）を引く
終末	①**感謝ライン**の状況をフィードバックする ②ループの解散と守秘義務を注意する	・グループと全体との変化の様子を比較させた上で，振り返り用紙を回収する

〈キーワード〉　アクティブ・ラーニング　応援メッセージ　グループワーク
　　　　　　　支え合いGW　共同体感覚　勇気づけ　自己尊重感

授業におけるアクティブ・ラーニング

1　討論・ディベートのテーマの提示
① 家庭でのしつけと学校での指導の共通点と相違点は何かを話し合ってみよう。
② 地域でのしつけは消失したといわれている。地域でのしつけの歴史と消失の原因を調べてみよう。
③ 義務教育における厳しい校則はパターナリズムの具体化だといわれている。
　パターナリズムと生徒の自己決定は矛盾するかしないか，議論してみよう。

2　グループワークの課題

> A君は中学2年生，中体連に向けてサッカー部を頑張っています。3年生とともに試合にでることになり，朝練習を続けています。5月連休明けに担任のB先生に呼ばれました。親友のC君が学校を休むようになり，心配したB先生が家庭訪問をすると，「近所のA君が朝一緒に登校してくれると，学校に行けるかもしれない」と言っていたそうです。さて，A君は朝練習に行くか，C君と一緒に登校するか，決断しなければなりません。

ブレーン・ストーミング法でクラスの仲間ができる対応策（工夫・アイディアなど）を多数出し合う。A君もB先生もC君も満足できること，計20個以上をめざす。

3　調べ学習課題の提示
① 米国（どの州でもよい）の生徒指導の現状と方法について調べてみよう。
② 米国の専門家方式と日本の学級担任方式との長所と短所を調べてみよう。

4　体験学習の照会
① 中学高校の研究発表会に参加し，生徒指導に関する情報を取集する。
② 近隣の中学高校でのボランティア体験から，生徒指導の実際を学ぶ。

5　ロールプレイング・場面指導の課題
A君に対してどう指導するか，学級担任の立場でロールプレイングを行う。

> 中学2年生のA君が休日にスーパーの休憩所で，同じ小学校区の先輩B君と会った。高校1年生のB君は不良っぽい印象に変わっていたが，久しぶりなので長話をした。B君は一緒に食べようぜと持っていた菓子を寄こした。尋ねると仲間からもらったものだと言う。A君は一つもらって食べた……まもなく，スーパーと警察の人が来て，B君を店の奥へと連れて行った。
> 翌日，学校行くと学級担任から注意があった。昨日，スーパーで万引きがあり，中学生と高校生が数人捕まったという。B君とその仲間らしい。もらった菓子は盗品かもしれない……

リマインド・振り返り

1　本章のまとめ（論点整理）

① 生徒指導の意義は，端的には自己実現をめざして自己指導能力を育成することである。しかし指導内容は，規範意識の獲得から社会的・職業的自立まで幅広い。そのためには道徳教育やキャリア教育の充実，教員の学級経営力やカウンセリング感覚を高めることが求められている。

② 学級担任中心の生徒指導では学級活動・ホームルーム活動の授業で話合い活動や共同作業を行い，合意形成力や自治的な活動を運営する資質能力を育てることが期待される。学校経営の視点からはSCや生徒指導主事との協働的・組織的な生徒指導を推進する必要がある。たとえば生徒中心システムを原理とするチームガイダンスがその一例である。

③ 開発的な生徒指導としては近年，生徒指導の題材をテーマとしたアクティブ・ラーニング型授業の試みが注目されている。

2　発展的課題の提示

・「教師は授業で勝負する」など教員が授業の専門家として授業づくりに専念し，生徒指導はSCやSSW，生徒指導主事や養護教諭などで分担するという方法が提案された場合，学級担任の将来の方向性はどうなるか検討せよ。

3　レポート課題の提示（宿題）

① 未然防止的な生徒指導とはよくわかる授業を行うことであるという主張について，あなたの体験に基づいて1000字以内であなたの考えを述べなさい。

② 生活指導をしつけ（discipline）から指導（Guidance）へ拡張するという主張について，学級担任の立場になって1000字以内であなたの考えを述べなさい。

4　リアクションペーパーの課題例（授業時の提出課題）

授業の終末の10分間で以下の課題について説明しなさい。
「自己指導能力を高めるための具体的な実践例を挙げよ」
「あなた自身が部活動で身につけた資質能力とは何か」
「チームガイダンスのリーダーに求められる資質能力とは何か」

（木内隆生）

第 2 章　参考文献

姉崎洋一ほか編（2015）『解説　教育六法』三省堂.
嬉野市教育委員会（2015）『「生きる力」の教科書（改訂版）』教育出版.
木内隆生（2016）『思春期青年の協同性プログラムに関する開発的研究』大学図書.
七條正典（2015）「第 3 章　2 - 2 道徳教育と生徒指導」日本生徒指導学会編『現代生徒指導論』学事出版：60 - 63.
柴田義松・宮坂琇子・森岡修一編（2004）『教職基本用語辞典』学文社.
下山晴彦編（2009）『よくわかる臨床心理学』ミネルヴァ書房.
鈴木聡志・木内隆生（2018）「人はどのような言葉で励まされるのか」東京農業大学『教職研究集録』第 3 号：21 - 31.
関哲夫（2013）『入門少年法』学事出版.
藤田昌士編（1996）『日本の教育課題 4 ——生活の指導と懲戒・体罰』東京法令出版.
藤田昌士（2010）「生活綴方教育と生活指導」『生活指導事典』エイデル研究所.
森嶋昭伸（2015）「第 3 章　2 - 4 特別活動と生徒指導」日本生徒指導学会編『現代生徒指導論』学事出版：68 - 71.
森田洋司（2015）「第 1 章　1 - 1 生徒指導の意義と理念」日本生徒指導学会編『現代生徒指導論』学事出版：8 - 11.
文部科学省（2010）『生徒指導提要』教育図書.
文部科学省（2018）『中学校学習指導要領』東山書房.

第 3 章

子どもの変化とその理解

〔レディネス〕

1　子どもたちの学校生活の実情を踏まえ，複雑な人間関係の渦中に身を置き，精神的な不安や苦悩を抱きながらも，バランスを保つことに奔走するなど，その実態を把握し表現できる。
2　生徒指導に係るいじめや不登校の問題に関心をよせ，その未然に防止を図るための手だてについて考察し，自らの意見をもち説明できる。このとき教科・領域のすべての教育活動を駆使した，包括的な対応を構築することができる。
3　子どもを理解することの意味を理解し，その方途について考察できる。また自らの経験を振り返りつつ，子どもに寄り添い受容・共感する姿勢の本質について，自分の言葉で表現できる。

〔事前学修・活動〕

1　自分自身の成長過程を振り返り，小学校から高校において，教員からどのような指導を受けてきたのかを整理し，指導者の望ましい子どもへのかかわり方について，自らの経験を踏まえながら考察のうえ説明できるようにしよう。また発達段階ごとに，教員の子どもへのかかわり方には変容が見られることから，具体的な対応に着目し整理しておこう。
2　生徒指導上の諸課題について，指導者の立場から学校現場の理解に取り組み，その解決をめざした具体的な取り組みについて知見を深めておこう。一例として，いじめの問題に着目し，法律での対応がなされているにもかかわらず，なぜその成果が十分に上がらない理由について，多面的・多角的に考え，自らの意見を整理しておこう。
3　授業時のグループワークでは，自分だけでは気づけない多様な考え方に触れつつ議論に参画し，自他の経験値とも照合させながら，より効果的な手だての再構築へとつなげよう。そしてそのアイディアを学校現場に組み入れたと仮定して，効果的な側面と改善を要する内容について，バーチャルではあるが学年会議の教員間のやりとり場面をロールプレイで実演するための準備をしておこう。

〔基本解説〕
1　本章の学修のねらい

　生徒指導を進めるうえで，子ども理解を踏まえた指導が肝要である。そのために教員は，子ども一人一人との信頼関係を丁寧に構築し，それぞれの特性を鑑みたかかわりが必要である。また子どもの実態は，社会の変化に呼応して変容することから，教員は子どもを個別に受容・理解するとともに，集団おいて機能させる方途についても，自らの特性を生かしたビジョンとして考察する。

2　本章課題の背景，問題点

　学校現場では，いじめや不登校に係る問題が喫緊の課題であり，日々その解決に追われている。子どもにとっては学級での居場所が，精神的な安定に大きく寄与する。また子どもたちは，それぞれのグループを形成するが，相互間の関係性は希薄である。そこで教員には，いじめの未然防止をめざし，子ども同士をつなぐ関係性を構築するために，意図的・計画的な実践が求められている。

3　本章の到達目標

　学級担任として，子どもの実態を理解したうえで，自らの特性を加味しつつ，望ましい学級の雰囲気づくりをめざす教育実践を自ら企図できる。このときチーム学校の視点から，自分が考えたビジョンに着目し，同僚はもとより心理・福祉の専門家からの意見をも組み入れ，指導の方向性を共通理解し合いながら，子どもへの指導ができる。

4　本章の学修の流れ

(1)子ども理解を深めるために，社会の変化，複雑な人間関係，指導者（教員）としての構え，いじめ問題，切れ目のない指導に焦点をあて，自らの経験と比較・照合させながら，望ましいかかわり方を考察し，自分の言葉での表現に取り組む。

(2)いじめや不登校の未然防止をめざす教育実践を，子どもの実態を踏まえながら，意図的・計画的な視点から開発する。

5　実践的な活動（指導）との関連

　教員は，望ましい学級づくりを進めるうえで，子どもに寄り添い理解し合う活動が求められる。具体的なかかわり方については，場面を特定したうえでロールプレイを行うことが効果的である。また，課題解決をめざす学生間の議論は，新たな気づきをもたらし，小さな学年会議としての追体験ができる。

1　社会の変化にみる子どもの変容

（1）求められる基礎的・汎用的能力

　昨今，子どもの学びの形態が様変わりしている。これまでは教員からの指導を踏まえ，それらをきちんと整理し，活用できることが学びの中心にあった。いわゆる教員による一方向的な講義を，子どもが受動的に聞くという授業スタイルである。

　しかし，新学習指導要領では主体的・対話的・深い学びを展開するうえで，基礎的・基本的な知識・技能をもとに，基礎的・汎用的能力を育む学びが求められている。つまり，まずは自分で考えをまとめてから，仲間との話合いに臨み，改めて自らの考えを再構築するのである。このときグループでコミュニティが形成され，意見交換を通して資質・能力であるコミュニケーション能力が育まれる。

　また情報化社会の急速な進展とともに，子どもに求められる資質・能力として課題対応能力が挙げられる。多様な課題を自分たちで解決するためには，主体的にかかわろうとする意欲や態度，創造力，そして論理的な思考力が必要になる。つまり子ども同士で話し合い，それぞれの意見のよさと課題を比較・照合し合うことで，合意形成を図ることができる。未来が予測困難な時代であるがゆえに，目の前に立ちはだかる課題を克服するために，新たなアイディアを創造しようとする能力が求められている。

（2）心理的な不安を抱える子どもたち

　児童期から思春期にかけて低下傾向にある自尊感情については，追跡調査による統計データが実証している。男女における差異はみられるものの，下降することは否めない。

　子どもは発達段階における各ステージにおいて，克服すべき課題を乗り越え，次のステージへと歩みを進める。そのプロセスにおいて，教員の子どもへのかかわりが，大きく影響を寄与する。子どもが自己形成していく中で，そのかかわりによって認められる経験値の積み重ねが自尊感情を高めることにつながり，その高まりは自己肯定感とも連動する。このことは学校教育はもとより，家庭や地域社会におけるかかわりにおいても同様である。

　一方，ソーシャルネットワーキングサービス（以下，SNSと記す）の発展に

より，子どもがその仕組みの中に身を置くことで，生活環境が大きく変容している。自己と他者との関係性において，親密な関係性の域から抜け出せない子ども，共通する課題や関心によって成り立つ関係性の域に飛び出しはしたものの，その空間で心理的に悲鳴をあげている子どもがいる。仲間からの孤立を恐れるがあまり，常に関係性の維持に追われ，心理的な疲弊を招いている。希薄な人間関係であればあるほど，その負荷は大きくなる。

(3) 関係性を生かした新たな創造

現代社会は，各専門分野が成熟するとともに，それらを紡いで新たなものを創造する社会へと突入している。このとき個がもつ能力を生かしたアイディアを，チームの仲間と共有し合い，新たなものを創り出すうえで，関係性の中に身を置き，自己発揮できることが求められる。

物的に豊かになり，欲しいものなら概ね何でも手に入るのが，今の子どもが置かれた状況である。これは彼らが望んだものではないが，物事について考え判断する環境のベースにあたることを，教員は認識しておかなければならない。道徳的価値の形成は，各世代ごとに成人するまでの社会状況に大きく反映される。指導者である教員の道徳的価値観と子どもたちとの間では，当然ずれが生じることもある。ただし，道徳的価値は時代を問わず，人として共有すべき大切なものの見方や考え方である。だからこそ，このことを踏まえながら，子どもたち一人一人を理解しようとするかかわりはもとより，それに気づかせる指導が肝要になる。

〈キーワード〉 **関係性 自尊感情**

2　人間関係のもつれがもたらす課題

(1) 複雑な人間関係に苦悩する子ども

　人は関係性の中に身を置いて生活をしている。決して一人では生きていけない存在であるからこそ，学校という集団の場を生かして，その「かかわり」のあり様を学ぶのである。

　一旦，学級の集団の中で孤立してしまうと，居場所を失い，精神的な苦痛に苛まれる。こうした孤立を避けるために，SNSをはじめ様々な場面において，人間関係の保持を目的とした過剰な動きが見て取れる。携帯電話を片時も手放さない子どもは，ネットワークである情報網から外されないように，飛び交う情報に必要以上に過敏に反応する。

　その未然防止を図るべく，SNSの正しい活用を促す授業や講習会が展開されている。ただ使用に係る制限を設けるだけに留まるのではなく，子どもの意識改善を図ることを同時に進める必要がある。そして学校での指導を踏まえて，家庭をも巻き込み，教員，保護者，子どもの三者の間でしっかりと話し合い，活用目的の合意を見出してから使用することを追求したい。何れにせよ，教員には子どもからのSOSを見逃さない観察や迅速な対応が求められている。

(2) 特定の関係性の場から抜け出せない子ども

　学級の子どもたち同士の関係性にみる心理的な距離は，互いに友達と呼び合う関係にあるとしても，一定の距離がある。このことは当事者間の信頼関係とも呼応する。その理由として，本音で語り合わないままで，互いに協調し合える共通項を見出すために奔走し，当たり障りのないところで折り合いをつけ，バランスを保てる重心を探そうとすることが挙げられる。互いの本質に向き合わないままで自己理解・他者理解にあたることから，場合によっては齟齬が生じることも否定し得ない。

　仮に少人数のグループが形成されていても，その集団としての凝集性は決して高くはない。一見すると仲良しグループに見えているのだが，構成する子ども一人一人は，自分の立ち位置を必死で模索するとともに，その維持に必死なのである。日常生活においても，情報化社会が進展するにつれて，人と人のかかわりがなくとも，物事が成立する社会に近づいている。このことは人をつなぎ合う必要

性を削ぎ，個で成立する操作の増加にも関係する。

（3）教員に求められる子どもへの観察力

　仲良しのグループであったとしても，構成する子ども同士の信頼関係は，決して高くはない。グループ内で個を維持するために，表面的な情報交換を緊密に行う。グループ・ダイナミックスは流動的で，何らかのきっかけを介して変容する。つまりいつでも，孤立した立場に追い込まれる可能性がある。いわゆる排除の論理に基づく，いじめが始まるのである。

　子どもたちを特定した追跡調査結果によると，小学校4年生から中学校3年生の間において，いじめられた経験のない子どもはほんの一部に過ぎないとの報告がある（後掲図3-1）。教員が把握しているいじめの実態は，氷山の一角に過ぎないとの認識をもった指導が求められている。定期的に実施するアンケート結果を踏まえた迅速な対応が一定の効果をあげるとしても，その調査に呼応しない子どもがいることも事実である。被害者であるにもかかわらず子ども自身の認識ができていない場合もある。また教員との信頼関係の不具合から，被害者の悲鳴をすくいとれないこともある。何れにせよ，データを過大評価するのではなく，自ら子どもたちと接する時間を確保し，できれば休憩時間の様子をも含めて，自分の目で観察し，直接話を聴くことが，本質的な解決への近道となる。

〈キーワード〉　居場所，グループ・ダイナミックス，観察力

3 真に子どもを理解するということ

(1) 子どもに寄り添う意図的・計画的な取り組みを

　望ましい人間関係を阻害する様々な要因を未然に防止するためには，教員の子どもへのかかわり方や観察力が大きく関係する。子ども自身が，行動や態度を介して発信するサインを，教員が如何に鋭く察知できるのかが，問題を未然に防止するうえで重要な鍵を握る。子どもが普段見せる姿に着目すると，教員ごとにその姿が異なる場合もある。このことは正に，教員と子どもとの信頼関係を如実に反映している。

　学級担任として子どものことをより理解しようとするのであれば，寄り添う構えが不可欠である。教員と学級の子どもとの心理的な距離は様々であるにしても，常にすべての子どもにかかわることを意識する必要がある。行動力の面で積極的な子ども，問題行動などの課題が明確にわかっている子どもなど，教員の意識の中に位置づいている子どもには注意・関心が傾斜しよく観察できている。しかし，指導上の課題のフィルターに引っかからない子どもがいて，つい置き去りにされているのではないだろうか。教員がすべての子どもと定期的に面談の時間を行うなど，子どもの視点に立ち，教員が自分のことを気にかけてくれていると認識できる取組を意図的・計画的に配置することが大切である。

　教員が子どもに寄り添うということは，相互間で本音で語り合える時間共有にあると言い換えられる。子どもを観察し見守る時間はもちろん，何でも安心して聞いてもらえる時間でもある。定期的な面談が保障されているのであれば，今回は言いそびれたことがあったとしても，次回があることで心理的にも致命的な圧力にまでは高まらない。悩みを抱える子どもにとって，次が保障されていることが，命綱になる。つまり子どもにとっては，必ず教員との接点をもてる仕組みを設けることで，バーンアウトの回避につながる。

(2) 目に見えない子どものサインに込められたもの

　子どもを理解するために教員は，目で見て確認できる行動や耳にする言葉に力点を置きがちである。態度や言葉から読み取れる情報が，本質的にその通りなのかどうか，極めて判断が難しい。

　たとえば教員に対して，頻繁に暴言や悪態をつく子どもがいたとして，その子

は教員のことを嫌っているとの判断は早計にあたる。子どもの表出内容そのものが，教員への関心を引こうとしている場合がある。また学級の周りの仲間との関係性において，教員に対して突っ張ることで自らの存在を維持していることもある。教員と子どもとのかかわりの中では，発達段階に応じて素直になれない自分との対峙があり，その影響を受けて自己表現がなされる。

教員には，子どもが発する心を反映したサインを読み取ることが求められる。中でも身体症状によるサインは，その最たるものである（p. 47参照）。心因性の腹痛や嘔吐，発熱，頭痛，疲れなどの症状は，子どもの感情や意識のサインを反映する場合がある。ややもすると身体症状は，身体の不具合に起因するものと判断してしまいがちであるが，心理的な側面の影響を受けた表出内容もあることを留め置く必要がある。

（3）子どものバックグラウンドへのアプローチ

子どもを理解するうえで，それぞれの生活圏全体を俯瞰しながら，適切なかかわりを見出す必要がある。子どもが学校で見せている姿と，家庭や地域で見せる姿に大きな差異が認められるとしたら，それが何に起因するものなのか，様々な情報を駆使しつつ慎重な考察が求められる。このとき家庭訪問に依る保護者への面談では，子どもの成長をどのように願っているのか，その想いを含めた親身な語らいが効果的となる。教員は，子どもを理解するうえで，学校，家庭，地域，関係諸機関が連携し，チーム学校としてかかわり情報を共有し，一人一人の子どもに適切なかかわりを編み出すことが肝要である。

〈キーワード〉 **子ども理解　サイン　チーム学校**

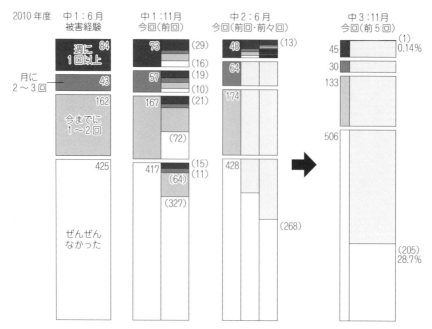

図3-1　2010年度中学1年生の学年進行に伴う被害経験者の推移

注：単位は「人」。なお，図中の灰色部分は内訳を省略したことを示す。
出典：国立教育政策研究所生徒指導研究センター『いじめ追跡調査2010-2012　いじめQ&A』2013年6月。

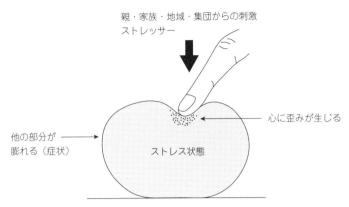

図3-2 外部からストレス／ストレッサーが働くと…
出典：冨田（2009：6）．

「心」が関与する病気（心身症・神経症・精神病）は，
すべて人間関係の中での「心の痛み・歪み」に起因している．
身体症状や病変は「心」の状態を知らせるサインである．

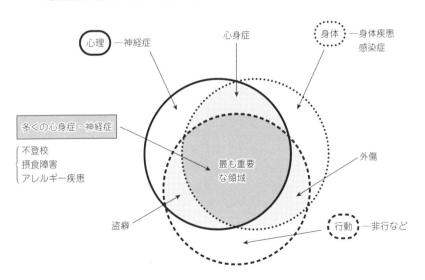

図3-3 「子どもの表現をどのようにみるか」
出典：冨田（2009：6）．

4　いじめ問題を未然に予防するために

（1）安心して自己開示ができない関係性

　子どもたちは，自らが抱えもつ不安や悩みを表出せずに，内面に留めてしまうことで，精神的緊張（ストレス）が高まる傾向にある。子どもは，周りの仲間との関係性を維持するために，人間関係づくりの際に様々な配慮を行う。つまり自分自身が仲間外れの対象にならないように，アンテナを張り巡らし，表面的な関係性に終始するが，相互間においては意図的に隙間のないコミュニケーションを継続する。

　ここで子ども同士の心理的な距離をみてみると，決定的な絆に支えられているというものではなく，親密性という観点からすると脆弱である。このことは，いじめを受ける被害者が入れ替わり，図3-1のいじめの追跡調査結果にみるようにいじめを受けていない子どもの割合が極めて小さいことが裏付けている。

　また子どもからすると，グループに帰属し関係性を維持できれば，学級内に居場所を確保できる。このときグループ内での狭い関係性から対象を広げ，グループ間で交流するなどの動きは稀少である。学級担任の目には，学級が落ち着いているように見受けられるが，むしろ子どもたちの人間関係がどのように変移しているのかについての理解が必要であり，継続した観察力が問われる。また現状を踏まえた望ましい人間関係づくりを，教科・領域に係る全ての教育活動を生かしながら展開することが求められる。

（2）構成的グループエンカウンターを生かした学級づくり

　子どもたち同士の希薄な関係性を解消するためには，違いを乗り越え，互いによさを認め支え合える人間関係づくりが重要である。いじめの芽が膨らむ前に，積極的な生徒指導としてガイダンスプログラムを行い，望ましい学級の雰囲気づくりをめざす取り組みが効果的である。

　そもそも人間関係のつまずきからいじめ問題へと波及する要因は，学級内において数多存在する。教室では，主に子ども同士の会話のやりとり，行為，態度やしぐさ，教員とのかかわり，などが挙げられる。その中にはいじめを受けているにもかかわらず，なぜこうした事態に陥ったのかの理由を特定できず，自己認識が伴わない場合がある。それは，自己理解，他者理解の浅さに起因することから，

構成的グループ・エンカウンター（以下，SGEと記す）によるエクササイズを展開することが効果的である。

ここでSGEによる望ましい人間関係づくりをめざすエクササイズを取り上げる。これはグループのメンバー同士で，互いによさを探し共有し合う取り組みである。まずワークシートに示された複数のよさに係る項目の中から，該当するものを優先順位の高い順に5つに絞る。まずは自分自身について判断し，同様にグループの仲間についても進める。次に記入された内容について，相互間で情報交換を行うことで，新たな気づきをもたらすことができる。そのとき，なぜ，その項目を選んだのか互いに情報を共有し合うことが大切である。

（3）いじめの未然防止につなげるロールプレイ

いじめの未然防止を図るうえで，ロールプレイの活用が効果的である。決していじめの場面を直接的に再現するのではなく，相手を思いやることの意義をロールプレイによる追体験を通して考えさせたい。

たとえば，「部活動でレギュラーを外され，大会に出られなくなった生徒Aに対して，監督から生徒Aに電話をするようにとの依頼を受けた元々補欠の生徒B，両者は親友である」を取り上げる。生徒Bは，生徒Aに対して励ますメッセージをかけるがなかなか響かず，部活に出てくることの約束を取りつけるのに，必死になる演技が表現される。一方，電話をせずにそっとしておくという判断もある。

子どもたちは，他者理解にかかわり，多様性に気づくことができる。なおロールプレイの活用に際しては，演者（ステージで演ずる生徒）の表現を観衆（フロアで見学する生徒）一人一人が，演者の気持ちを慮りながら見ることで，演者と観衆が一体となりながら思いやりの本質に迫ることができる。教員は，演技を終えた後，演者と観衆の間でそれぞれの意見を交換を整理しながら展開する。その結果子どもは，多面的・多角的な考え方に接することで，引いてはいじめを抑止する気づきへとつながる。

〈キーワード〉　自己開示　構成的グループエンカウンター　ロールプレイ

5　子どもの発達を見据えた指導の連続性

（1）子どもたちへのかかわりにみる連続性

　子どもにとって，学年ごとに担任が交代することにより，様々な影響を受けることは否めない。成長発達を考慮すると，指導の基準が変わることは，子どもにとってはルールの変更に等しい。担任が交代するごとに，子どもはその指導方法に適応できるように，調整を繰り返す。こうした猶予期間において，子どもは日常とは異なる精神的な負担を担う。このとき上手に着地できずに苦慮する子どもがいることに，教員は留意する必要がある。

　またクラス替えにより，子ども同士においても，新たに人間関係の構築が図られる。教員との関係性の構築と同時に進めなければならず，新学期は子どもにとって精神的な負荷が高まる期間でもある。教員には，子どもの不安に起因する精神状態を受け止めながら，その気持ちに寄り添い，その壁を乗り越えるためのかかわりが求められる。

　こうした課題を解決するためには，教員間の連携（引き継ぎを含む）が不可欠である。指導内容について，発達段階の視点から，縦横に共通理解を進めることが必要である。つまり同一学年での共通理解はもとより，学年を貫く指導方針を明確にすることで，方向性を一致させた子どもへのかかわりが実践できる。

（2）小中連携による中1ギャップの解消の本質

　小学校から中学校に進学した段階で，不安感により不登校傾向に陥る生徒が増えるとの見方がある一方で，すでにその兆候が小学校の段階で芽を出していたとの調査結果がある。これは国立教育政策研究所による「問題行動調査」によるもので，中学校で顕在化する諸問題は，小学校段階から問題が始まっている場合が少なくないと指摘する。さらに中1の不登校生徒の半数は，小4〜小6何れかで30日以上の欠席に相当する経験をしていることから，小学校時の欠席，遅刻，早退，保健室の利用（頭痛，腹痛，など）を統計として整理し，適切な指導が求められる。

　中1ギャップという言葉から，中学校に入学することで不登校が急増するとの意味合いにも読みとれるが，その兆候が小学校時から垣間見られるのであれば，小中連携による取り組みがより効果的になる。教員が，子どもたち一人一人の成長に寄り添い，得られた情報を引き継ぎ，指導に生かしていくことが重要である。

一方，チーム学校を機能させるうえで，地域の教育力を活用する視点から，コミュニティ・スクール（以下，CSと記す）が効果的である。地域の子どもを地域と学校が協働しながら育てていくという考え方を共通理解のうえ，学校運営協議会を核に据え，多様な立場の委員からの意見を組み入れつつ，めざす子ども像を一致させて指導にあたることで教育効果を見いだせる。CSは，学校と地域とが協働し合い，将来を見据えつつ地域の子どもを育んでいくうえで，地域の教育力を連動させる役割を果たす。

（3）一人一人が主役として活躍できる活動

　子どもは，学級集団の中で自らの存在意義を実感するとき，自尊感情が高まり自己肯定感を認識する。学級集団が機能するうえで，子どもたち一人一人がそれぞれの役割を果たすことにより，互いに必要性を認め合う関係性が構築される。つまり子どもたち同士が，それぞれの役割を受容し合うことで，組織への帰属意識が高まり，責任ある行動が促される。

　ここでドイツのベルリン州のGrundshule am Buschgraben校のKlassenrat（学級会）の様子を紹介する。子どもたちは，学校生活における諸課題の解決をめざして，指導者とともに学級会を進める。子どもたち一人一人が自分事として捉え，その解決の方途について自分の考えを発表する。話合いの中には，指導者も入るがあくまで支援する立場を越えない。その指導は，子どもに自発的・主体的な活動を促すかかわりに徹底しており，一貫性のある指導体制により，すべての子どもが発言でき合意形成が図られている。

図3-4　Klassenratの光景

〈キーワード〉　指導の連続性　中1ギャップ　コミュニティ・スクール　役割

授業におけるアクティブ・ラーニング

1 討論・ディベートのテーマの提示
① 社会の変化に伴う子どもの変容について，教育（施策を含む），社会，経済の各側面と関連づけて考え，整理をして伝える。
② いじめ問題の包括的な解決をめざして「いじめ防止対策推進法」が施行されたが，教育現場の実際を踏まえながら，その可能性と限界について考察する。
③ 不登校問題で取り上げられる「中1ギャップ」を解消するための方途について，教員による指導の連続性の視点から考察する。

2 グループワークの課題
・構成的グループエンカウンター（人間関係づくり）
　自己理解と他者理解を同時に進める取組として，自他の良い所探しがある。1班を5～6名で編成し，複数（40～50程度）の良さにかかわるキャラクターの項目の中から，まずは自分自身に当てはまるものを5つに絞り選択する。同様に他の仲間についても行う。その後，選択した項目について，理由づけをしながら意見交換に入る。自分自身では気づけないよさについて，周りの仲間の捉えを通して認識できる。互いに自尊感情を高めるうえで，効果的なエクササイズである（p. 48-49参照）。

3 調べ学習課題の提示
　子どもを理解するうえで，子どもが発するサインを感知する必要がある。教員の日常における子どもとのかかわりに着目し，具体的な取組と子どもが見せる反応について，文献を参照ながら整理してみよう。

4 体験学習の紹介
　指導者として，学級で孤立し会話のない子どもの思いを実感するために，丸一日中，誰とも会話をしない実習に取り組みたい。そこで得た感覚を踏まえて，子どもへの声かけが，精神的な負荷の軽減につながることを体感してみよう。

5 ロールプレイ・場面指導の課題
　指導者役と子ども役を配し，ロールプレイに取り組む。役割交代を通して，双方の役割を演じることで，指導者の子どもへの介入のあり方を考察する。生徒指導上の諸課題について，場面指導を取り上げ，実際の対応をロールプレイに参画することで，真に子どもに寄り添い理解することの困難さを体感できる（p. 49参照）。

リマインド・振り返り

1　本章のまとめ（論点整理）

　社会の変化と共に子どもが見せる姿にも変容が見られる。教員には，子どもを理解するうえで，丁寧な観察とそれを踏まえた対応が求められている。人間関係に苦慮し，学級で居場所のない子どもにとって，精神的な負担は甚大である。加えてSNSの発達により，子どもは情報への対応に追われ，仲間との関係性の維持に奔走する。グループ化した子どもの集団には，相互間の交流は乏しく見かけることは少ない。

　いじめをはじめ不登校などの生徒指導上の課題については，未然予防をめざす取り組みが必要である。教員が子どもたちと信頼関係を構築するうえで，教育相談，SGEによる人間関係づくりのエクササイズは，自己理解と他者理解を深めるとともに，自己開示を促すことにつながる。

　また不登校の課題については，指導の連続性が鍵を握る。確かに中1ギャップと指摘される急激な増加が認められるが，そもそも小学校時よりその兆候は現れている。だからこそ，小中一貫による指導の方向性の一致と情報共有が，子どもにとっては混乱のない学校生活をもたらすのである。

2　発展的課題の提示

　学級の子どもの実態を踏まえて，居場所のある学級づくりを進めるうえで，子ども理解と子どもを中心に据えた活動が不可欠である。子ども一人一人が学級の一員としての帰属意識を高めるために，多様な活動に着目し，意図的・計画的に，そして子どもの成長を加味した指導計画及び到達目標を整理されたい。

3　レポート課題の提示（宿題）

　生徒指導上の課題（いじめ，不登校，など）が後を絶たない現実を，あなたはどのように捉えますか。仮に問題解決をめざす取り組みの成果が乏しければ，その悪影響を子どもに及ぼすことになる。あなたの汎用的諸能力を客観的に分析し，子どもの指導において何ができるのかについて整理してみよう。

4　リアクションペーパーの課題例（授業時の）

　本時の学びを，コンセプトマップに整理する。生徒指導に係るキーワードやセンテンスをつなげ，子ども理解に係る横断的なかかわり方の意味を再考する。

（松岡敬興）

第 3 章　参考文献

榎本博明（1997）『自己開示の心理学的研究』北大路書房.
貝ノ瀬滋（2010）『小・中一貫コミュニティ・スクールのつくりかた』ポプラ社.
加治佐哲也（2016）「チーム学校とは何か」『教育と医学』756，慶應大学出版会.
国立教育政策研究所（2012）「いじめの理解」『生徒指導 Leaf 7』.
国立教育政策研究所（2012）「教育的予防と治療的予防」『生徒指導 Leaf 5』.
国立教育政策研究所（2014）「中1ギャップの真実」『生徒指導 Leaf 15』.
鈴木翔（2012）『教室内カースト』光文社.
土井隆義（2014）『つながりを煽られる子どもたち──ネット依存といじめ問題を考える』岩波書店.
冨田和巳（2009）「サインとしての行動・症状」『教育と医学』668，慶應義塾大学出版.
内藤朝雄（2009）『いじめの構造』講談社.
本田由紀（2011）『若者の気分　学校の空気』岩波書店.
溝上慎一（2018）「受講するとわかるキャリア教育が学習や成長に繋がる理由」『進路指導・キャリア教育支援機構主催キャリア教育セミナー講演』配布資料［2018.3.11, 九州大学］.
森田洋司（2010）『いじめとは何か』中央公論新社.
諸富祥彦・齋藤優（2002）『エンカウンターで道徳』明治図書出版.
文部科学省（2010）『生徒指導提要』教育図書.

第4章

学校の組織と生徒指導体制

〔レディネス〕

1 生徒指導は，問題行動の対応をすることではなく，学校生活を有意義かつ充実させるためにあるということを理解している。
2 生徒指導は，教員個人で行うものではなく，全教職員で組織的にかつ一致した指導をするものであるという認識をもっている。
3 学校には，スクールカウンセラー，生徒指導主事など，生徒指導にかかわる立場の職員がいることを理解している。
4 生徒指導は，ともすると教員の一方的な指導に終始することも多い。生徒の悩みや困難に寄り添った指導が必要であるということを理解している。
5 生徒指導は，学校だけで指導するものではなく，関係機関や地域社会，家庭（保護者）と連携を図っていく必要があるということを理解している。

〔事前学修・活動〕

1 中学校時代を振り返り，生徒指導にかかわるどのような立場の人（学校の組織）がいて，何を指導をしていたかまとめておく。
 例 校長（朝会で生徒指導に関する講話をする）
   学級担任（規則正しい生活をするように朝，指導をする）
   スクールカウンセラー（生徒の悩みや困難の相談にのる）
   教務主任，生徒指導主事，教科担任，養護教諭
2 中学校時代，問題行動の対応において，誰が，どのように行っていたか，振り返り，まとめておく。
 例 けんか（生徒指導主事の教員が，別室で厳しく指導）
3 生徒指導にかかわる関係機関について知っている機関の名前を挙げ，インターネット等で仕事の内容などを調べておく。
 例 警察署（・交通安全教室を行う ・万引き等の非行の指導を行う）
   児童相談所（・児童虐待の対応をする ・非行の対応）
   教育委員会，教育相談室

〔基本解説〕
1　本章の学修のねらい
(1)生徒指導は学校が組織的に一致して進めることを基礎理解する。
(2)事前の調べ学習，グループ学習，ロールプレイング等様々な主体的な学習を通して，関係機関，家庭等も含めた組織的な生徒指導について学びを深める。

2　本章課題の背景，問題点
(1)生徒指導が一部の教員に依存していたり，教員によって，生徒の指導内容が異なる。
(2)生徒は様々な問題を抱えていることも多く教育相談の充実が必要である。
(3)学校だけで指導を完結しようとしている事例も多くある。効果的な指導には，学校が抱え込まず関係機関と連携していくことが必要である。
(4)問題行動の対応では，保護者との連携において，学校側からの一方的な指導を行うことが見受けられる。保護者とパートナーシップを構築していく必要がある。

3　本章の到達目標
(1)生徒指導は指導方針に基づいて全教職員で取り組む必要があることを理解説明することができる。
(2)生徒指導主事やスクールカウンセラー等，生徒指導に関する立場の職員の仕事について調べ，説明することができる。
(3)生徒指導に関する関係機関の種類と連携の必要性を説明することができる。
(4)家庭（保護者）とのパートナーシップの構築について理解している。

4　本章の学修の流れ
(1)事前の学習として，自身の中学校時代の生徒指導に関する組織について思い出すことから始める。
(2)(1)を基盤として，全校体制の指導の在り方について学びを深める。
(3)調べ学習を通して校内のスクールカウンセラー等の仕事内容を理解する。
(4)学校外の関係機関の種類や業務内容を理解し，連携の在り方や家庭との連携についてロールプレイなどを通して理解を深める。

5　実践的な活動（指導）との関連
　自身の振り返りで取り上げた実際の学校現場での生徒指導体制について，本章の学びを通して理論構築し，実践的具体的な理解を深める。

1 チームによる生徒指導体制

(1) 教師間のチームワーク

　教師間の信頼関係が成立し，協力して指導にあたることは，生徒指導の充実を図るためには極めて重要である。そのためには生徒指導の進め方について，具体的な手順を全教職員が共有しておく必要がある。緊急の事態が発生した場合でもあらかじめ確認されている手順に従って，教師間で情報の共有や協議を行いながら適切な指導ができるように日頃から協力体制を構築しておくことが求められる。

　指導において，毅然とした指導を重視する教員や生徒の思いを前面に出して指導する教員がいる。それぞれの指導の良さを確認し，チームワークを作り上げていく必要がある

　そのために校内での事例研究会や研修会を実施するのが効果的である。その中で互いに意見を自由に発表しあったり，協議を深めたり，共通の課題に協力して取り組むなどして人間関係を深め，信頼関係を高めると良い。

　チームワーク構築のためには，生徒指導主事の存在が大きい。

(2) 生徒指導主事

　生徒指導主事は，生徒指導に関する企画・立案を行う。生徒指導主事は学校教育法施行規則第70条第1項に「中学校には，生徒指導主事を置くものとする」と示され「指導教諭または教諭をもって充てる」と規定されている（第3項）。生徒指導主事の役割としての，① 組織的・計画的な運営，② 全教員間の連絡・調整，③ 専門的な指導・助言，④ 家庭・関係機関との連携の4点が挙げられる（表4-1参照）。

(3) 学級担任が行う生徒指導

① 生徒指導の基盤となる学級経営

　生徒の学校生活の基盤となるものは学級である。すなわち学級は生徒指導を進める上で基本となる生活場面である。そのため学級担任による学級経営力は生徒指導にも大きく影響する。学級経営は学級での生徒指導と同義であるということもでき，学級経営を充実させていくことが肝要である。

　学級担任は学級経営における以下の点に重視しながら，生徒指導につなげてい

くことが大切である。
　　○学級は生徒理解の深化の場
　　○学級集団における人間関係づくり
　　○発達段階を踏まえた基本的な生活習慣の形成

② 連携した指導

　生徒指導は，全教職員の共通理解を図り，進めていくことが重要である。学級担任は，学級経営を基盤とした生徒指導を進めるにあたって，校長，副校長の指導のもと，校内の教職員との連携を重視することが必要である。生徒指導主事，養護教諭，栄養教諭，スクールカウンセラー，スクールソーシャルワーカー，学年の教員など他の教職員と情報の共有や協議を深め，効果的な生徒指導を進めていくことが重要である。

表4-1　生徒指導主事の役割

組織的・計画的な運営	学校における生徒指導を組織的計画適に運営して行く責任を持つ。教科指導全般にわたる生徒指導のカリキュラム開発をリードし推進する。
全教員間の連絡・調整	生徒指導の計画的・継続的推進のために校務の連絡・調整を図る。
専門的な指導・助言	生徒指導に関する専門的事項の担当者になるとともに，生徒指導部の構成員や学級担任その他の関係組織の教員に対して指導助言を行う。
家庭・関係機関との連携	必要に応じて生徒や家庭，関係機関に働きかけ，問題解決に当たる。

〈キーワード〉　組織体制　信頼関係　生徒指導主事　学級担任　学級経営
　　　　　　　共通理解　毅然とした指導　生徒の思いを前面に出した指導　生徒理解

2　生徒指導体制の確立

(1) 生徒指導の方針
　生徒指導体制の充実のためには，学校としての生徒指導の方針を決定し，全教職員で共有する必要がある。生徒指導は，教員の年齢，経験，個性等により様々な指導が進められるが，生徒指導の方針に則って全校一致した指導が行われることが重要である。
　生徒指導の方針は，問題行動の対応，あるいは防止のためにあると考えるのではなく，学校生活を有意義にかつ充実させるためにある。この点を大前提として全教職員で確認しておくことが大切である（図4－1参照）。

(2) 全教師の参画
　かつての生徒指導は，一部の教職員の指導に依存していることが多かった。しかしながら，現在ではそのような指導では対応しきれない事象も多いことや，また本来的に全教職員が生徒指導に参画して行うべきことであることから，全教職員が生徒指導の方針を理解し，積極的に生徒指導を行うことが望ましい。
　特に生徒指導の方針は，設定から全教職員がかかわること（参画）が大切である。まずは，生徒理解に基づいて教員一人一人による生徒の実態把握が行われる。それらを職員会議，生徒指導連絡会等で全教職員で共有することが第一義である。この取り組みを重視し，それをもとに具体的な生徒指導の方針を全教職員で協議し，設定することが必要である。校務分掌で生徒指導を担当する教員だけで生徒指導の方針を決定することのないようにしなくてはならない（図4－2参照）。
　こうして生徒指導の方針が決定されることにより，全教職員の一致した生徒指導が展開され，学校生活の充実が進められるのである。

(3) 全校指導体制
　生徒指導を確実に推進するためには，全校指導体制を確立し，校内のすべての組織がかかわりながら機能することが求められる。特に生徒指導に関連する教育相談，保健指導，学年・学級での指導などの生徒指導とのかかわりのあり方について全教職員が理解していることが基盤となる。学習指導についても生徒指導と密接にかかわっていることも押さえることが重要である。

その上で，生徒指導の組織として，「生徒指導部（委員会）」を教務部や保健指導部，進路指導部などと並立して校務分掌に位置づける（図4-3参照）。
　生徒指導部は校長の経営方針を受け，生徒指導に関する全校指導体制の企画・運営，問題行動への対応，関係機関への連携等を担う。学校全体の協力体制を司り，学校内で生徒指導のリーダーシップをとりながら，生徒指導の全校の核となっていく。

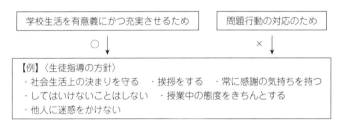

図4-1　生徒指導の方針

図4-2　生徒指導の方針の決定

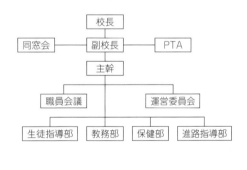

図4-3　校務分掌での位置づけ（例）

〈キーワード〉　生徒指導の方針　全校体制　全教職員　校内分掌　生徒指導部
　　　　　　　学級での指導

3　組織的な教育相談

(1) 教育相談の組織

　教育相談は，生徒や保護者のもつ悩みや不安などについて，解決に向けての望ましい在り方について助言することである。すべての教員が積極的にかかわらなくてはならない。教育相談を効果的に実施するためには，その中心となって連絡調整を行う教育相談に関する組織が必要となる。その組織の在り方として「独立型」「所属型」「委員会型」などがある。

　独立型は「教育相談部」として校務分掌の一つとなり，他の部と同等の立場で独立している。教育相談の特性を発揮して独自性の活動ができる（図4-4参照）。

　所属型は，校務分掌の生徒指導部や進路指導部の中に「教育相談係」といった形で組み込まれる。生徒指導部の一部であることから，学校全体の生徒指導の立場から指導を行いやすいよさがある（図4-5参照）。

　委員会型は，関係する各部署の責任者などから構成される委員会として設置される。様々な部署からの情報収集や指導などが行いやすく，全校的な取り組みが可能となる（図4-6参照）。

　また，スクールカウンセラーやスクールソーシャルワーカー（SSW）が配置され，教育相談体制の充実が図られている。

(2) スクールカウンセラー

　心理臨床の専門家として学校に配置されている。高度に専門的な知識・経験を有する臨床心理士を中心に派遣されている。

　スクールカウンセラーの主な仕事は以下の通りである。

① 生徒に対する相談・助言
② 保護者や教職員に対する相談（カウンセリング・コンサルテーション）
③ 校内会議等の参加
④ 教職員や生徒への研修や講話
⑤ 相談者の心理的な見立てや対応
⑥ ストレスチェックやストレスマネジメントなどの予防的対応
⑦ 事件・事故等の緊急対応における被害生徒の心のケア

（3）スクールソーシャルワーカー

　生徒の問題行動の背景には，様々な環境の問題が複雑に絡み合っている。そこで社会福祉等の専門的な知識や技術を有する専門家がスクールソーシャルワーカーとして学校に配置されている

　スクールソーシャルワーカーの主な仕事は以下の通りである

① 問題を抱える生徒がおかれた環境への働きかけ
② 関係機関等とのネットワークの構築，連携，調整
③ 学校内におけるチーム体制の構築，支援
④ 保護者，教職員等に対する支援，相談，情報提供
⑤ 教職員への研修活動等

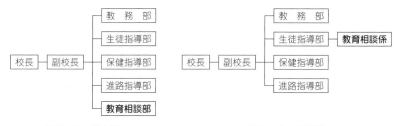

図4-4　独立型　　　　　　　　図4-5　所属型

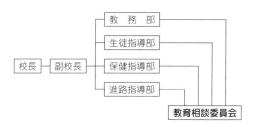

図4-6　委員会型

〈キーワード〉　教育相談　生徒・保護者の悩みや不安　望ましい解決の在り方
　　　　　　　心理臨床の専門家　スクールカウンセラー　スクールソーシャルワーカー

4 関係機関との連携

　学校が生徒指導を効果的に進めるにあたって地域や関係機関との連携は必須である。生徒の発達を促すための指導や問題行動等の指導を行うために，様々な分野別の関係機関について理解した上で，連携する必要がある。

(1) 問題行動の抱え込みからの脱却
　生徒が問題行動等を起こした時，学校内ですべてを解決しようとする「抱え込み」意識が強いことが多く，学校は，そこから脱却をする必要がある。この脱却について以下の5点に注意する。
① 学校だけの指導で解決することは困難になっているという認識をもつ。
② 教職員は関係機関の分野，業務内容について把握することが必要である。
③ 対応を関係機関にゆだねた場合も連携を図り教職員も指導を確実に行う。
④ 連携が必要な場合，保護者への説明を行い躊躇なく関係機関に相談する。
⑤ 必要に応じて，マスコミに説明を行う。
分野別の関係機関については（表4-2）を参照

(2) 情報連携から行動連携へ
　関係機関との連携は，単なる連絡を取り合うだけにとどまることが多いが，連携の基本は，「情報連携」から「行動連携」へと進めて行くことである。「情報連携」は，問題行動に関する情報の交換が中心となるが，「行動連携」は，日頃から互いに意思の疎通を図り，それぞれが役割を果たしつつ，ネットワークとして一体的な対応を行う。
　学校が関係機関等や地域との「日々の連携」を確実に行うことにより，問題行動等の減少が期待できる。さらに，関係機関等や地域との日々の連携の充実により，学校や家庭の教育力も向上することになる。また，問題行動等の発生時には，円滑に「緊急時の連携」に進むことができる。**サポートチーム**[*]の編成も迅速に進められる。
　「日々の連携」としては，大きく3つに分けられる。一つ目は「健全育成の推進」を目的としたものである。具体的な取り組み例としては，交通安全教室，防犯教室，薬物乱用教室，喫煙防止・飲酒防止指導，非行防止教室，情報モラル教

室，健全育成に関する講演会などが挙げられる。二つ目は「ネットワークの構築」を目的としたものである。具体的な取り組み例としては，関係機関との情報交換会，連絡協議会，問題行動対応マニュアルや関係機関等一覧表等の作成である。三つ目は「生徒指導体制の充実」を目的としたものである。具体的取り組み例としては，教職員の指導力の向上のために関係機関等の職員を招いての研修やケース会議，事例検討会などがある。

「緊急時の連携」については，大きく2つに分けられる。一つ目は，「問題行動等発生時の対応」である。暴力行為，いじめなどの問題行動等が発生したら警察や児童相談所等へ連絡・相談する。また，児童虐待の通告・相談などもある。躊躇せずに連携して対応する。二つ目は「指導困難な状況への対応」である。深刻な問題の解決に向けて，計画的，専門的な指導や保護者支援を目的として，関係機関等との連携による対応を行う。2つともサポートチームを編成して対応することが多い。

表4-2 関係機関の種類

分　野	関　係　機　関
教育関係	教育委員会・教育相談所・適応指導教室・公民館
警察・司法関係	警察署・警視庁・○○県警・少年サポートセンター・家庭裁判所・少年鑑別所・保護観察所・少年院・保護司会
福祉関係	児童相談所・児童自立支援施設・児童養護施設・民生委員・主任児童委員・発達障害支援センター
保健・医療関係	病院・保健所・精神保健福祉センター
その他	地域自治会・PTA・いのちの電話・インターネット協会

> **サポートチーム**：深刻な問題行動等を起こしている生徒に対し，関係機関等の職員がチームを編成し，それぞれの役割を果たし機動的実効的に対応する。

〈キーワード〉　抱え込み意識　関係機関　情報連携　行動連携　日々の連携
　　　　　　　緊急時の連携

5　家庭との連携

(1) 家庭との連携の意義

　家庭は，子どものもっとも基本的な人間形成の場である。教育基本法にも「父母その他の保護者は，子の教育について第一義的責任を有する」と述べられている。学校は生徒の豊かな成長にあたり，積極的に家庭と連携する必要がある。
　家庭との連携の意義として，次の3点が挙げられる。
① 生徒理解のための情報収集
　情報収集の視点としては，「保護者の生き方」「しつけ方」「養育態度」「家庭内の人間関係」「文化的な雰囲気」「経済事情」等である。
② 家庭の指導力向上
　生徒の成長に対して見守り教育するのは保護者であることを理解してもらう。また課題のある家庭に対しては，「過保護・過干渉・放任・しつけ不足」などの視点について確認する。
③ 学校の生徒指導に対する協力の要請
　学校の方針の理解をしてもらうとともに，その方針に連携して積極的な家庭での指導（教育）の実践を進めてもらうように理解を求める。

(2) 家庭との連携の方法

　家庭との連携の場として以下の4つに分類できる。
① 諸会合　　　PTA総会，学校参観日，授業参観日，保護者懇談会
② 個人懇談　　親（保護者）との懇談，定期面談，緊急面談
③ 通信連絡　　通知票，家庭連絡簿，学年通信，学級便り
④ 家庭訪問　　定期家庭訪問，緊急家庭訪問

　また，家庭との連携の姿勢として，学校側からの一方的な指示や強圧的な態度を取らないことが重要である。
　パートナーシップを第一義にして連携を図ることが重要である。家庭との連携の配慮点として，図4-7を参照。

(3) 問題行動などの生徒指導にかかる保護者への適切な対応

　担任の問題行動等に対する指導方針などが理解できないと保護者が校長や担任

などに対して,不満等を訴える場合がある。このような訴えに対して学校は,パートナーシップの姿勢を保ち,保護者の思いを積極的に傾聴することが重要である。「モンスターペアレント」は,学校側の説明不足や連携が不十分な表れと考えることもできる。

① 事実に基づいた対応。

「いつ,どこで,誰が,何を,なぜ,どのように」など,客観的な事実に基づいて対応することが重要である。そのため,「担任はどのように指導したのか」など,指導にかかわるメモや会議の記録などを保存しておく。

② 誠意をもった対応

問題行動などの事実を明確にしないまま保護者と対応したり,学校が,事前に問題行動等に関する指導方針を周知したりしていないことで,保護者が学校の姿勢に不満をもつ場合がある。

③ 組織的な対応

日頃より生徒の状況を適切に把握し,教職員間で共有するなどの生徒指導体制を確立し,組織的に対応することが大切である。

④ 法的な根拠を踏まえた対応

教職員の経験や勘,先例のみに頼った対応を行うことなく,生徒への対応に当たっては,公法的な根拠を踏まえて対応する必要がある。

---

① 親の不安や苦悩を充分に受けとめ,親の訴えに真剣に耳を傾けるあたたかい受容的な態度
② 子どもや親と乖離し,責任を一方的に問うのではなく,親と共に考え協力し合っていく態度
③ どの家庭にも偏らない公平な態度
④ 各家庭の秘密を固く守る態度

図4-7 家庭との連携の配慮点

〈キーワード〉 パートーナーシップ モンスターペアレント 事実に基づいた対応

授業におけるアクティブ・ラーニング

1 ディベートのテーマの提示
次の課題に対して，賛成と反対に分かれてディベートをしなさい。
① 生徒指導に定評のある教員が単独で指導した方が，多くの教員で指導するより効果があがる。
② すぐに言い合いになるなど，友達とのトラブルが多い生徒に対しては，かなり厳しく毅然とした指導をすべきである。

2 グループワークの課題
以下のような状況で，保護者に電話をする際の配慮事項についてグループで協議する。特に加害者側と被害者側に電話する際の具体的な違いについて話し合う。グループで出された内容について，全体で発表し，全体で協議した上で，共有する。出された配慮事項を踏まえて，グループ内で教師役，保護者役に分かれて実際に電話をしてみる。

> 休み時間にふざけて，友達をぶった。その際，友達は転んで足の膝を擦りむいた。怪我の状況は軽い。

3 調べ学習の提示
文部科学省で平成7年度から開始されているスクールカウンセラーの配置（調査研究）について，配置状況の経過とその成果について調べなさい。

4 体験学習の紹介
① 少年サポートセンター（少年センター）
警視庁，各警察本部の管轄下に数カ所ある（警視庁（東京）では8カ所）。インタビューを通して，学校や児童相談所その他の関係機関と日頃からの意見交換の様子やネットワークの構築の状況を調査してみよう。
② 日本臨床心理士会
都道府県ごとに臨床心理士会がある。スクールカウンセラーが多く在籍している。スクールカウンセラーの仕事や学校との連携の状況など問い合わせてみよう。

5　ロールプレイングの課題

次の状況でサポートチームの構成メンバーを決め，役割分担して協議をする。

> 　A男は，コンビニでお菓子と整髪料を万引きしようとして補導された。この件の前にも数回，万引きで補導をされている。店からの通報で警察署へ連行され，母親が引き取りに行った。その晩，A男は帰宅した会社員の父親に厳しく叱責を受けた。両親の躾は日頃より厳しく，近所からの通報により虐待の可能性として，取り上げられ，児童相談所からの指導を受けたことがある。そこで，サポートチームを招集し，A男の今後の指導の在り方について協議することになった。

リマインド・振り返り

1　本章のまとめ
① 生徒指導は指導方針に基づいて全教職員で取り組むことが必須である。
② 校内組織として校務分掌上に生徒指導部が位置づけられ，生徒指導主事を中心にスクールカウンセラー等生徒指導に関する立場の職員や学級担任が協力して全校体制で生徒指導を行う。
③ 生徒指導は，学校だけの抱え込み指導から脱却し，関係機関と日頃から連携を深めていく必要がある。
④ 家庭（保護者）との連携は何よりもパートナーシップの構築が必要である。

2　発展的課題の提示
　生徒の暴力行為の表出など学校に荒れがみられた場合，どのような解決法があるか，学校の組織的指導の視点から述べなさい。

3　レポート課題の提示（宿題）
① 生徒指導の全校体制における指導での予想される課題についてまとめなさい。
② 生徒に教師への不信感が生まれる場合はどのような場合か，またその解決法について述べなさい。
③ 生徒指導を他の教師に任せてしまう原因は何か述べなさい。
④ 関係機関との連携を深めるためにはどのような取り組みが必要か述べなさい。

4　リアクションペーパの課題例（授業時の提出題）
① 学校における生徒指導にかかわる立場の職（役割）をすべて挙げ，その仕事内容について述べなさい。
② スクールカウンセラーとスクールソーシャルワーカーのそれぞれの役割について述べなさい。
③ 生徒指導にかかわる関係機関の名称とその役割についてまとめなさい。
④ 問題行動など緊急の対応が必要なときの取組について具体的に述べなさい。
⑤ 保護者とパートナーシップを高めるための具体的な進め方について，例を挙げて述べなさい。

（若林　彰）

第 5 章

学校制度・段階と生徒指導の方法

〔レディネス〕

1　法体系に関する基礎的な知識・理解
・日本国憲法に定められている基本的な人権や社会権を知っている。
・日本の学校教育に関連する基本的な法律や学校制度について理解している。
2　生徒指導の定義と対象
・『生徒指導提要』における生徒指導の定義がわかる。
・生徒指導は学校教育を支える重要な機能であり，すべての児童生徒を対象としていることを理解している。
3　発達の段階とその特質
・ヒトの一般的な発達の段階をいえる。
・代表的な心理社会的な発達の理論を理解している。

〔事前学修・活動〕

※受講に当たって準備すべきこと（情報収集，調べ学習，参考文献）
1　文部科学省の学校教育に関する報道記事や答申，法令及び国立教育政策研究所の生徒指導・進路指導研究センターの研究成果物等には，積極的に目を通しておくこと。
2　日本国憲法，教育基本法，学校教育法等の教育に係る基本的な法令に関する事案について調べること。
3　必要な参考文献は，文部科学省「生徒指導提要」(2010)。

※以下の課題から選択し，事前学習を行って，授業に臨むこと
1　生徒指導で育まれる資質・能力について
2　学習指導（授業）と生徒指導について
3　「チームとしての学校」と生徒指導について

〔基本解説〕
1 本章の学修のねらい

　学校教育は学習指導と生徒指導を両輪としている。生徒指導は学校教育を支える重要な機能であるが，学習指導のように具体的な指導の時間が教育課程上に位置付けられていない。そのため，生徒指導は学校の教育活動全体を通して適宜行われる機能論として捉えられている。本章では，法令に規定されている学校制度及び児童生徒の発達の段階に応じた生徒指導の基本的な方法について理解することをねらいとする。

2 本章課題の背景，問題点

　学校には法令遵守（compliance）が求められている。生徒指導関連では，体罰の禁止，安全配慮義務，いじめの未然防止等，社会からの厳しい〈まなざし〉にさらされているといっても過言ではない。本章では，今日的な教育課題を踏まえ，学校制度に関する重要度の高い法令を理解し，発達の段階に応じた生徒指導の方法に関する考え方を身に付けることを課題とする。

3 本章の到達目標

(1)義務教育ならびに初等教育と中等教育の役割を法令から説明できる。
(2)生徒指導の概念やねらいについて理解している。
(3)児童期，青年期，思春期の特性に基づいた生徒指導の方法及び指導上の留意点を論じることができる。

4 本章の学修の流れ

　本章では，まず学校制度に関連する法令を説明する。次に生徒指導の概念と機能について「生徒指導提要」に基づき整理する。続いて，児童期から青年期の発達及び思春期を理解し，児童生徒の発達の段階に応じた生徒指導の方法について考える。最後に〈チームとしての学校〉の生徒指導について考察する。

5 実践的な活動（指導）との関連

　社会状況の変化に伴い，社会から学校教育における生徒指導のあり方が厳しく問われている現在，教員には児童生徒の健やかな成長を図るより良い教育環境を保障していくことが課せられている。その意味において本章の内容である法令及び学校種毎の役割を押さえた上で，生徒指導の基本的な方法について考えていくことは教員に必要な資質・能力の向上に資するものである。

1 日本の学校制度

（1） 1条校と義務教育

　本節では，現在の日本の学校制度について説明する。まず日本の義務教育は，憲法，教育基本法，学校教育法等に基づき制度化されている。具体的には憲法第26条第2項，教育基本法第4条，学校教育法第6条，第22条，第29条，第37条，第39条，第40条等に規定されている。次に学校教育法第1条における学校とは，幼稚園，小学校，中学校，義務教育学校，高等学校，中等教育学校，特別支援学校，大学及び高等専門学校である。本章では，便宜上，小学校，中学校，高校と区分し，以下，3区分で表記していく。

　学校教育法に規定される小学校における教育の達成目標は8項目，同じく中学校における教育の達成目標は3項目である。小学校は初等教育を担当するが，中学校は中等教育前期課程となり卒業後の社会的自立も視座においた目標となっている点に留意しておきたい。また，日本の義務教育段階の教育は，毎年1学年ずつ進級することを基本としており，原級留置の制度はあるが，実施されることは稀である。

（2）高校の課程

　中等教育後期課程は高校となる。高校は義務教育とは異なり全日制，定時制，通信制の3課程がある。平成29年度中学卒業後の高校等進学率（全卒業者数のうち高校等進学者の占める比率）は98.8％（男子98.6％・女子99.0％），高校の通信制課程（本科）へ進学した者を除いた高校等進学率は96.4％（男子96.1％・女子96.8％）であった（文部科学省，2017）。このように現代日本の高校は準義務教育化しているといってもよい状況にある。また，同じく高校卒業後の大学等進学率（全卒業者数のうち大学等進学者の占める比率）は54.7％（男子52.1％・女子57.3％），大学（学部）進学率は49.4％であった。専修学校（専門課程）進学率は16.2％（男子12.5％・女子20.0％），就職者の割合は17.8％（男子21.5％・女子14.0％）であり，高等教育まで進学する者の割合は高い水準にあるのが現代日本における学校の実態である。

(3) 学校教育法と生徒指導

　ところで，日本の学校教育では，学校教育法第11条により体罰が禁止されている。また，義務教育では高等学校のような懲戒処分（訓告・停学及び退学）はない。ただし，校長及び教員は，教育上必要があると認めるときは，児童生徒に懲罰を加えることができ，懲戒を通じて児童生徒の自己教育力や規範意識の育成を期待することができる（文部科学省 2007）。学校教育法第35条に規定されている出席停止は，児童生徒の学習権を守るために，対象となる児童生徒の保護者に対して教育委員会が行うものである。近年では，「いじめ防止対策推進法」（平成28年5月20日公布，平成28年法律第47号），「義務教育の段階における普通教育に相当する教育の機会の確保等に関する法律」（平成28年12月14日公布，平成28年法律第105号）等，生徒指導に深くかかわる法令が策定，施行されている。

　他方，学校には主任制度があり，学校教育法施行規則第70条では，「中学校には，生徒指導主事を置くものとする。」ことが定められている。また，学校教育法施行規則の改正（平成29年4月）により，同法第65条の2「スクールカウンセラーは，小学校における児童の心理に関する支援に従事する。」，同65条の3「スクールソーシャルワーカーは，小学校における児童の福祉に関する支援に従事する。」ことが加わり，これまで学校外部の専門家であった心理職及び福祉職の人材が学校内部の職員と位置づけられるようになった。

〈キーワード〉　日本国憲法　教育基本法　学校教育法　学校教育法施行規則
　　　　　　　義務教育

2　生徒指導の概念と機能

(1) 生徒指導の定義

　一般的な生徒指導のイメージは，教員が児童生徒の言動を是正するために指導することを連想させられる。その具体的な指導対象は，遅刻や身だしなみなどの規範に関することから，喫煙，飲酒，薬物乱用，暴力行為，いじめ，非行，性非行，自殺，虐待，不登校，中途退学等，多岐にわたる。しかしながら生徒指導の原点は戦後の新教育（中等教育）として導入されたものであり，相談（counseling）とガイダンス（guidance）を基盤としている。そして，生徒指導の対象者は，新制中学校・高校に在籍するすべての生徒であり，矯正や治療モデルによる問題行動等の解決をねらいとはしていなかったことに留意しておきたい。

　生徒指導の概念や指導内容及び指導方法等については，『生徒指導の手びき』（文部省，1965年），『生徒指導の手引き（改訂版）』（文部省，1981年）に示されてきたが，本章における生徒指導の定義は『生徒指導提要』（文部科学省，2010年）本文の最初に示されている「一人一人の児童生徒の人格を尊重し，個性の伸長を図りながら，社会的資質や行動力を高めることを目指して行われる教育活動」であり，将来の社会的な自己実現を図るために，生徒指導の究極のねらいは「自己指導能力」の育成にあるとされている。

　ところで，厚生労働省調査が2004年度に実施した調査「子どもが現在持っている不安や悩み」では，「不安や悩みがある」子どもの割合は全体の67.4％，「自分の勉強や進路について」の不安や悩みを抱える子どもは50.0％と最も高くなっていた（国立教育政策研究所 2009：17）。このことから学習指導において生徒指導を機能させていくことが重要となる。このことを『生徒指導提要』では，次のように説明している。

　　学習指導の場におけるこれらの指導は，単に各教科等における指導上の工夫ということにとどまらず，まさに積極的に生徒指導を行うこと。児童生徒の自己肯定感を高めることやコミュニケーションの成立，よりよい人間関係の構築などにつながる。結果として，学習上の不適応からくる授業妨害や授業のエスケープ等を軽減したり，より適正な学習環境をつくったりすることにもつながる。
　　　　　　　　　　　　　　　　　　　　　　　　（文部科学省 2010：6）

坂本（1990）は生徒指導機能論の視点から授業における生徒指導の機能について，次の3点を挙げている。

①「児童生徒に自己決定を与える」。②「児童生徒に存在感（自尊感情）を与える」「自己実現の場を用意する」。③「人間的ふれあいを基盤にする」。

これら3機能をあらゆる場に作用するように計画し実践することが生徒指導と授業の関係であり，積極的な生徒指導の側面である。

（2）「授業力」と生徒指導

ところで東京都教職員研修センターは，「授業力」を測定するために6分類（44項目）の自己診断シートを作成している。そこでは「使命感，熱意，感性」「児童・生徒理解」「統率力」「指導技術」「教材解釈，教材開発」「指導と評価の計画の作成・改善」の下位項目が設けられているが，「児童・生徒理解」「統率力」は生徒指導に直接かかわるものである。本章では，生徒指導を「治す」・「正す」といった機能だけにとどめずに，一人ひとりの児童生徒を「育む」という発達促進・開発的な機能，つまり積極的な側面を重視していきたい。

表5-1 「授業力」自己診断シート（部分）

番号	分類	診 断 項 目	当てはまる	だいたい当てはまる	あまり当てはまらない	当てはまらない
8	児童・生徒理解	児童・生徒一人一人の学習意欲を把握している。	4	3	2	1
9		児童・生徒一人一人の本時の学習の達成状況を把握しようとしている。	4	3	2	1
10		児童・生徒一人一人の変化を把握しようとしている。	4	3	2	1
11		児童・生徒一人一人のこれまでの学習状況を把握している。	4	3	2	1
12		児童・生徒一人一人の発達段階，友達関係，家庭状況等を的確に把握している。	4	3	2	1
13		児童・生徒一人一人に気を配り，言葉かけをしている。	4	3	2	1
14		児童・生徒の発言や行動を共感的に受け止めている。	4	3	2	1

出典：東京都教職員研修センターHP。

〈キーワード〉　生徒指導提要　生徒指導　学習指導　積極的な生徒指導　授業力

3　児童期から青年期の発達と思春期

　本節における児童期は小学生，青年期は中高生，思春期は小学校高学年から中学校くらいの時期を指すものとする。また，発達には知的側面，情動的側面，社会性の側面等，多面的である。本節以降では，『生徒指導提要』を参照しながら学校制度の枠組みにおいて教員に必要と思われる事項を挙げていく。まず，児童期の発達を概観しておこう。

(1) 児童期
　知的能力の発達に関する代表的な理論によれば，小学校は具体的操作期（7〜12歳），中学校は形式的操作期（12歳以降）の段階に当たる。このことに関しては様々な見解があるが，おおむね小学校4年生に相当する年齢を中心として，その前後1年くらいを区切りの目安として考えていきたい。
　児童は，小学校中学年になると，対立する特性を同時に考えることができるという認知能力を獲得し，〈社会的比較〉が可能になることで肯定・否定の両方を統合した〈自己概念〉を形成していくと考えられている。また，この時期には，自分の能力への関心が高まり，学業に関する有能感，学業以外の有能感，全体的な有能感を育んでいくが，反面では劣等感を抱えるようになる。
　道徳性の発達には，多様な要素が関連していると考えられているが，認識能力や心情等の発達にあわせて捉えていくことが大切である。児童期の具体的な道徳性の発達は3段階として例示されている。① 低学年は，自己中心性が残っているが，行ってよいことと悪いことの区別をしっかりと自覚し，社会生活上のきまりを身に付ける。② 中学年は，自分を内省する力を身に付け，自分の特徴を自覚し，自分のよい所を伸ばそうとする意識を高める。③ 高学年は，自律的な傾向を育む。さらに，社会性を発達させていくためには仲間関係が重要な役割を果たしていく。

(2) 青年期
　次に，学校制度のちがいを踏まえ青年期の発達について概観しておく。
　小学校と中学校では環境面で異なる。それは，学校の規模，教科担任制，担任との接触時間，縦の人間関係，部活動，受験，校則等など多岐にわたり，校種間

の移行に伴う段差は「中1ギャップ」とたとえられる。

 青年期は形式的操作期となり，仮説演繹的思考，組合せ思考，命題を単位とした思考が可能となる。そのような抽象的な思考により，生徒は時間的な展望が持てるようになる。このことを『生徒指導提要』では，〈将来展望の成立〉として説明している。

 さて，エリクソン（E. H. Erikson）の心理社会的な発達の理論によれば，青年期の重要な課題は〈自我同一性（Identity）〉の獲得である。このことに関して本節では，生徒個々が自分らしさを受け入れ，自分は自分であると自覚し，〈どう生きていくのか〉という問いを立てられるようになることと捉えておく。これは，青年期における自我の確立といってもよい。また，青年期における心理的な発達の特徴は，**心理的離乳**＊，や第二反抗期に見ることができる。

 本節の最後に思春期の課題を『生徒指導提要』から引用しておく。

> 思春期という時期は，第二次性徴期，第二次反抗期の時期を含み，精神的にも身体的にもそれまでとは違う大きな変化を経験する時期になります。大人と子どもの狭間にあり，見えない将来への不安を抱えながら，親からの精神的な自立に向けて悩み，絶対だった大人に対する否定が反抗という形で表現され，友達関係も内面を共有する仲間へと変わっていきます。
>
> （文部科学省 2010：64）

心理的離乳：ホリングワース（L. S. Hollingworth）が提唱した概念。青年が精神的にも親から独立していく過程のことを意味する。

〈キーワード〉 児童期 青年期 発達 形式的操作期 自我 道徳性 社会性 思春期

4　発達の段階に応じた生徒指導の方法

　生徒指導は，児童生徒の〈個性の伸長〉と〈社会的資質や行動力を高める〉ことをめざして行われる教育活動である。本節では義務教育である小学校段階と中学校段階の生徒指導の方法に関する基本的な考え方を説明する。

（1）小 学 校
　〈小1プロブレム〉といわれる状況が指摘されるようになり久しい。これは就学前教育や家庭教育等が変化してきた証左である。そのために小学校段階では，児童の年齢相応に必要とされる社会性を育むことが，その後の学校生活や人生を送る基礎となる。
　しかし，学級担任が児童の心理や発達の状態を十分に把握していなければ，一人ひとりの児童に社会性を育み高めていくことは困難である。
　そこで，学校は家庭や地域住民と積極的に連携・協力を行い，教員は児童の実態を把握し，児童理解を深めることが大切となる。また，生徒指導は担当の教員だけに任せるのではなく，学校組織として機能させることが重要である。
　具体的には，児童の発達の個人差が大きい小学校段階の生徒指導では，自己理解の発達を促進させる活動を増やしていくこと。また，児童の自己有能感を育てるために個人内評価を重視していくこと，つまり，教員には児童に自分の成長を実感させることで〈勤勉性〉を獲得させていくことが求められている。

（2）中 学 校
　続いて中学校段階の生徒指導について述べる。教員は，青年期の特徴と思春期理解を基本とし，「個の育成」と「集団の育成」をバランスよくしていくことが大切である。また，教職員の共通理解に基づいた一貫性のある指導を基本とし，学校が一方的に生徒を管理するのではなく，生徒が規則を守ることの必要性を考える機会をつくることも大切である。そのためには，特別活動を核とした望ましい集団活動や自治的な活動を活性化させることは有効な方策である。
　さらに，学校の教育活動は教育課程に位置付けられた時間割の授業が中心であることは言を俟たないが，中学校段階になると学級集団成員間の学力差が顕著になっていく。また，思春期にある生徒は心理状態が不安定である。外見からは見

えないが，内面的には大きな変化を来していることに注視しなければならない。この時期は〈疾風怒濤〉，〈この世に２度生まれる〉，〈さなぎの状態〉などとたとえられるように，人生の発達の段階においても特別な意味を持つ時期であることを自覚して教員は指導に向き合わなければならない。その際，生徒指導では，生徒の自尊感情や自己有用感を養成していくことが大切である。その理由は，現在の学校は生徒を〈育てる〉ことについての教育的配慮が不十分であると考えられるからである。

（3）「育てる教育相談」

本章２（２）で既述した生徒指導の３機能，①「児童生徒に自己決定を与える」，②「児童生徒に存在感（自尊感情）を与える」「自己実現の場を用意する」，③「人間的ふれあいを基盤にする」について再考しておく。これらの機能を学校生活のあらゆる場面に活かすためには，学校教育相談の考え方や技法が役立つ。

ただし，上に挙げた学校教育相談は，臨床心理学に基盤をおくスクールカウンセラーとは異なるアプローチを意味している。それは，文部省が学校の教員に啓発していた〈カウンセリングマインド〉と同意義である。

日常的に児童生徒と接している教員だからこそ生徒指導における学校教育相談の強みを生かし，組織的・体系的な生徒指導の充実を図っていくことが大切であり，その手がかりとなるのが以下の「育てる教育相談」の考え方である。

> 教育相談に必要な人間関係を養うのみならず，狭い意味での生徒指導の手法でもあるといえます。なお，実施に当たっては，各教育活動の特質を考慮して，授業の中で実施したり，授業以外の活動として実施したりするなどの工夫が求められます。
> 　　　　　　　　　　　　　　　　　　　　　　　（文部科学省 2010：109）

〈キーワード〉　小１プロブレム　勤勉性　自尊感情　自己有用感　育てる教育相談

5 関係機関や専門家等と連携したチームとしての学校で行う生徒指導

（1）「チームとしての学校」の必要性

　生徒指導は，すべての児童生徒（小学生から高校生）を対象としており，問題行動を起こしたり課題を抱えていたりする児童生徒だけを対象とするものではない。しかしながら，学校では，指導不服従，暴力行為（生徒間暴力，対人暴力，対教師暴力，器物破損），いじめ，非行・不良行為，中途退学等，様々な課題があり，これまでの学校適応のための指導という考え方だけでは，個別の支援や援助を必要としている児童生徒に対応できなくなっている。

　半面，現在の学校は生徒指導上の困難な課題への対応にも苦慮している。もはや，学校の教職員だけで生徒指導上の諸課題等に対応していくには限界を感じる事案が増加しているように思われる。

　そこで，本節では「チームとしての学校の在り方と今後の改善方策について」（中央教育審議会，平成27年）に述べられている「生徒指導上の課題解決」と「チームとしての学校」の必要性について考察する。

　本答申は，学校や児童生徒を取り巻く今日的課題や平成29年度に告示した小学校学習指導要領及び中学校学習指導要領の施行を踏まえ，これからの学校教育の在り方について，学習指導と生徒指導の両面から論じられている。また，そこでは課題解決的な生徒指導における「チームとしての学校」の意義を以下のように提言している。

　　教職員が心理や福祉等の専門家や関係機関，地域と連携し，チームとして課題解決に取り組むことが必要である。（中略）学校現場で，より効果的に対応していくためには，教員に加えて，心理の専門家であるカウンセラーや福祉の専門家であるソーシャルワーカーを活用し，子供たちの様々な情報を整理統合し，アセスメントやプランニングをした上で，教職員がチームで，問題を抱えた子供たちの支援を行うことが重要である。

　　　　　　　　　　　　　　　　　　　　　（文部科学省中央教育審議会　2015：7）

(2) 社会の形成者としての資質を涵養する生徒指導

　現在は，本章1（3）で説明したようにスクールカウンセラーやスクールソーシャルワーカーが心理職や福祉職の専門家として法的に学校職員に位置づけられるなど，「チームとしての学校」を具現化する施策が施行されている。また，平成30年度からは「第3期教育振興基本計画」に基づき生徒指導に関する様々な施策が施行されていくことになる。

　さて，生徒指導には学校教育の目的である社会の形成者を育てること及び児童生徒の社会的自立と自己実現を図るという重要な役割があった。このことに関して『生徒指導提要』では「社会的なリテラシー」という新たな概念を挙げ，「社会の形成者としての資質を涵養する生徒指導」（文部科学省　2010：224）という機能が示された。これを作用させるためには，「チームとしての学校」として，教職員だけでなく，多様な人材の協働により可能となる点に留意しておきたい。

　最後に，生徒指導は，教職に就いてから職場における実践を通して具体的な指導法を習得していく側面が強いと思われる。しかしながら「実践なき理論は空虚である。理論なき実践は無謀である。」という格言を援用するならば，生徒指導に関する理論の学修は欠かせない。また，学ぶに際しては「学んで思わざれば則ち罔し，思うて学ばざれば則ち殆し。」（『論語』為政十五）と戒められているように，テキストに書かれていることを丸暗記するのではなく，批判的に読み解いていくことが大切であることを述べ，本章を終える。

〈キーワード〉　チームとしての学校　スクールカウンセラー
　　　　　　　スクールソーシャルワーカー，社会の形成者，社会的なリテラシー

授業におけるアクティブ・ラーニング

1　討論・ディベートのテーマの提示
① 不登校児童生徒の立場から学校制度及び教員の課題について考えてみよう。
②「困った子」と「困っている子」をコインの表裏の関係から考えてみよう。
③「校則」（学校生活の心得）の是非をテーマとしてディベートをしてみよう。

2　グループワークの課題
① 児童生徒の自己有用感を育むための教育活動について話合いをしよう。
② 児童生徒の規範意識を醸成するための指導の工夫について話合いをしよう。
③ 生徒指導に必要な教員の資質・能力とは何かについて話合いをしよう。

3　調べ学習の提示
① 生徒指導と特別活動の関係について。
②「出席停止」制度の運用状況について。
③「チーム学校」として取り組み成果をあげた事例について。

4　体験学習の紹介
　自治体により異なるが，教育委員会は学生や院生などを対象とした教育ボランティア活動（学習支援，個別支援，体験活動補助等）を募集している。また，私立学校においても教育ボランティアを募集していることもある。学校教育現場での教育ボランティアを行い，担当教員等からスーパーバイズしてもらうことは，効果的な体験学習となり，指導力をはぐくむ良い機会となる。

5　ロールプレイング・場面指導の課題
① あなたが担当している教科の授業中に，学習意欲がなく課題をしていない児童（生徒）がいます。あなたはどのような指導をしますか。
② 授業終了後に担当クラスの児童（生徒）が，「○○の勉強をして，何の役に立つのですか？」と尋ねてきました。あなたはどのように応えますか。
③ あなたの学級（HR）に朝の遅刻を繰り返す児童（生徒）がいます。この日も遅れて登校してきました。そこであなたは放課後に当該児童（生徒）を残し面談をすることにしました。どのように面談を進めますか。

リマインド・振り返り

1　本章のまとめ（論点整理）

　本章では現行の日本の学校制度の根幹となる法令を踏まえ，小学校，中学校，高校を概観してきた。学校は，児童生徒の発達の段階に応じて，将来の国家・社会の形成者として必要な資質・能力を育成すること及び憲法に規定されている〈教育を受ける権利〉を保障するとともに個性を伸長しながら人格を高めるという役割がある。これらは学習指導と生徒指導を両輪として行われるものであり，落ち着きのある学習環境の中で社会的な資質・能力を身に付けていくためには生徒指導の充実が不可欠である。それゆえ学校教育では，生徒指導の予防的な機能，積極的な機能を発揮させていくことが大切なのである。

2　発展的課題の提示

　近年では，学校教育にかかわる重要な法令が改定及び策定されており，今後の学校教育を取り巻く状況の動向に注視していくことが必要だと思われる。特に，生徒指導に係る施策や法令に基づく運用については，エビデンスに基づいて検証していくことが不可欠である。また，2018（平成30）年3月に答申された「第3期教育振興基本計画」における生徒指導関連の施策についての検討も今後の課題である。

3　レポート課題の提示（宿題）

　本章の内容を踏まえ，あなたがめざしている校種の段階における生徒指導の方法と留意点について，2000字程度で論じなさい。

4　リアクションペーパーの課題例（授業時の提出課題）

① あなたが考える「生徒指導」の具体的なイメージを述べなさい。
② 自分や友人などの思春期についてのエピソードを述べなさい。
③ あなたが予定している教育実習において大切にしたい生徒指導を述べなさい。

（中村　豊）

第5章　参考文献

エリクソン，E. H.／小此木啓吾訳編（1973）『自我同一性──アイデンティティとライフ・サイクル』誠信書房.
河合隼雄（1995）『子どもと学校』岩波新書.
国立教育政策研究所（2009）『生徒指導資料第1集（改訂版）』ぎょうせい.
坂本昇一（1990）『生徒指導の機能と方法』文教書院.
文部科学省（2007）「問題行動を起こす児童生徒に対する指導について（通知）」（18文科初第1019号）平成19年2月5日（参照日2018/10/5）.
　　http://www.mext.go.jp/a_menu/shotou/seitoshidou/07020609.htm
文部科学省（2010）『生徒指導提要』教育図書.
文部科学省（2017）「学校基本調査－平成29年度結果の概要－」（参照日2018/3/10）.
　　http://www.mext.go.jp/b_menu/toukei/chousa01/kihon/kekka/k_detail/1388914.htm
文部科学省中央教育審議会（2005）「義務教育に係る諸制度の在り方について（初等中等教育分科会の審議のまとめ）」平成17年1月（参照日2018/3/10）.
　　http://www.mext.go.jp/b_menu/shingi/chukyo/chukyo0/toushin/05082301.htm
文部科学省中央教育審議会（2015）「チームとしての学校の在り方と今後の改善方策について」平成27年12月21日（参照日2018/3/10）.
　　http://www.mext.go.jp/b_menu/shingi/chukyo/chukyo0/toushin/__icsFiles/afieldfile/2016/02/05/1365657_00.pdf
ルソー，J. J.／今野一雄訳（1962）『エミール（上）』岩波文庫.

データ（図表・グラフ）
法令の検索は総務省の「e-Gov法令検索」を利用するとよい。
　　http://elaws.e-gov.go.jp/search/elawsSearch/elaws_search
東京都教職員研修センター．「授業力」診断シート活用資料集
　　http://www.kyoiku-kensyu.metro.tokyo.jp/08ojt/jyugyo_shindan_sheet/

第6章

問題行動の予防・対応・開発的指導

〔レディネス〕

1　生徒指導の定義を把握している
2　体制，連携などの用語の意味を理解している
3　「問題行動を起こす児童生徒に対する指導について」（平成19年2月5日付け，18文科初第1019号　通知）の内容を把握している

〔事前学修・活動〕

1　「問題行動」，「生徒指導上の問題行動」，「生徒指導上の諸課題」などの用語の違いは何か，あらかじめ調べておく。
2　文部科学省は生徒指導に係る通知を多く発出しているが，最近の通知にはどのようなものがあるか，調べておく。
3　生徒指導上の大きな問題である暴力行為及びいじめの実態，並びに不登校の現状と課題について，データ等により整理しておく。
4　文部科学省が毎年度実施している「児童生徒の問題行動・不登校等生徒指導上の諸課題に関する調査」の結果を，同省のHPから入手しておく。
5　学校の役割と生徒指導の関係について考えておきたい。

〔基本解説〕
1 **本章の学修のねらい**

　生徒指導は学習指導と車の両輪の作用をもって，学校の社会的役割の遂行を担っている。問題行動は，学校のもつ役割である社会化が正しく機能しない状況であり，その対応は生徒指導の重要なポイントである。これを踏まえて，この章では，問題行動というものを当該児童生徒の『表現』と捉え，その意味するところを考えるとともに，問題と向き合う中で自身の生徒指導の哲学を再確認する。

2 **本章課題の背景，問題点**

　学校は多様な価値観をもつ保護者に育てられた子どもの集合体であるから，人間関係を原因とする口論や衝突，自分の思いが受け入れられないなどの苛立ちや不満の高まりは，ある程度避けられないことである。

　複雑な人間関係の中で，自分と他者や集団との関係を見つめ，自分をどう表現するか，他者や集団との生活を通して感じられるストレスとどう向き合うかなど，児童生徒の課題は尽きない。

　問題行動では何が問題なのか改めて考えながら，生徒指導を効果的に実践するための知識と哲学を確立しなければならない。

3 **本章の到達目標**

　問題行動の発生経過を図式化した『生徒指導モデル』をもとに指導・対応の在り方について学ぶことができる。

4 **本章の学修の流れ**

　本章全体にわたり，① 問題行動の「問題性」について考える。② 問題点（性）が明確にされることがない限り，その対策・対応方法が明らかにされないという当然を改めて確認する。③ 誰にとって，どのような問題がありまた生じるのか，だからどう対応すればよいのか，常に考えて学修に臨みたい。

5 **実践的な活動（指導）との関連**

　生徒指導はどの教員にとっても避けて通れない課題である。また，問題行動も避けられのものであるから，問題をどう理解し，子どもの心に大人の心を寄せる意義の深さを感じ，愛情をもって指導に当たるとはどのようなことか，深く考えたい。

1　問題行動の「問題」をめぐって

(1) 用語「問題行動」をめぐって

「問題行動」を直接的なテーマとして国が刊行した『生徒指導資料第13集　問題行動を持つ生徒の指導（中学校編）』（文部省 1977）は，「『問題行動』とは何かを定義しようとすると，人によってその捉え方が異なるので，一義的な定義は困難である。」とした上で，「非行にとどまらず，学校において教育的な立場から特に指導が必要であると判断される行為や行動を広く問題行動と解し」と続けた。さらに，『生徒指導資料第14集　生徒の問題行動に関する基礎資料（中学校・高等学校編）』（文部省 1979）では，「『問題行動』とは，広義にとれば，何らかの観点から問題視される行動のことである」と定義を与えた。

「何らかの観点」（文部省 1979）とは，主観的な判断を含める概念であるから，周囲の人から見れば全く問題ないことであっても親だからこそ気になる子の行動，普段から集団を見つめている教師だからこそみえる児童生徒の気になる性行なども含まれるということである。かかわるものの立場によって深刻さや内容の重大さが異なるものの，穏やかに見守ることができない状況をつくる対象行動が「問題行動」である。

(2) 生徒指導上の「問題」とは

学校教育は，児童生徒の社会化とともに，個人の能力・個性を開発し伸長することをめざして行われる営為である。したがって，学校で「問題」とする行動には，公共物を破壊する行為である器物損壊，暴力行為，人の存在を軽んじるいじめはもとより，自ら将来を絶とうとする自殺企図，能力や個性の伸長が機能していない学業不振なども含まれる。

ところで，能力や個性を開発・伸長することは生涯にわたって自己実現を追求する個人的な資質となる。また，人間としての在り方生き方という観点に立てば，他者や集団と共存する資質（社会的な資質）を欠くことができない。個人的な資質と社会的な資質との2つの資質がバランスよく両立していることが最も望ましい状態である。しかし，個人として自らの個性や能力を追い求めることと，他者を尊重したり社会のルールに従って生きることとは，時に相反する価値の中に置かれたり，激しい葛藤を呼ぶことがある。学校ではこの2つの価値観の調整力を

高める役割を果たしており，その能力を「自己指導の力」と定義し，それが機能せずに不全感が行為・行動となって現れてきている状況を「生徒指導上の問題行動」と呼んでいる。

（3）問題行動等の実態調査

　文部科学省は，毎年度，学校における生徒指導上の諸問題（平成28年度分から名称を変更。〔解説〕を参照）として，暴力行為，いじめ，出席停止，長期欠席（不登校等），高等学校中途退学，自殺，教育相談について，実態調査を実施している。

　この調査結果については，文部科学省のホームページで公開され，国や各自治体において生徒指導施策を立案する場合の根拠資料となっている。

〔解説〕「不登校」扱いの変更

　文部科学省の調査は，平成27年度分まで「児童生徒の問題行動等生徒指導上の諸問題に関する調査」としたが，平成28年度分から「児童生徒の問題行動・不登校等生徒指導上の諸課題に関する調査」として実施されている。この名称変更は「義務教育の段階における普通教育に相当する教育の機会の確保等に関する法律」（平成28年法律第105号）の成立を受けたものである。

　このため，『小（中）学校学習指導要領解説総則編』（平成29年）は，「不登校とは，多様な要因・背景により，結果として不登校状態になっているということであり，その行為を『問題行動』と判断してはならない。」（第1章第4の2の（3）のア関連）と留意を促している。学校に対し，不登校というだけでこれを問題行動として一意的に捉えることなく，個の生き方に照らして適切に対応すべき生徒指導上の課題であることを認識するよう求めている。

2 生徒指導上問題となる行動と
　　その「問題性」（いじめの場合）

（1）問題行動の問題性

　生徒指導上の問題行動の「問題」という語が，反社会的な行動や非社会的な行動と同義と解釈されていた時代を経て，現在では，問題行動と呼ばれる行為・行動の問題性を明らかにして，それを解消するための「課題」に視点を置いて指導に当たることを重視するようになってきている。

　つまり，問題行動については，① 本人に問題を認識させる，② どう償うか考えさせる，③ 集団等がそれを認めるか，④ 再発防止策を宣言させる，という順で指導が行われていくのが通常であり，問題の認識を重要視しているのである。

　ここでは，「いじめ」を取り上げて，誰が，どのような問題を負うのか考え，その問題を解消するための課題と対策について考えてみたい。

（2）いじめの発生と進行の過程

　いじめを苦にして自死を選択した中学生の遺書を分析すると，いじめは，いじめる側といじめられる側の二者間における立場の変化（松田 2009）と，所属する集団内の変化（松田 2014）との2つの変化が同時に進行していく様が浮かび上がる。

　二者間の変化とは，① 友人関係にある二者間に，② 何らかの優劣や強弱関係（通常「力による人間関係」という。以後「優」「劣」を用いる。）が入り込み，③ 優位のものがその地位を確立するために，ふざけ行為などの劣位への様々な働きかけを行い，④ 有効な働きかけを強化し，⑤ 優位性を決定づける出来事（恐怖，恥辱など）を通して，⑥ 優位側である勝者と人権をはく奪された劣位側の敗者との間に主従関係がつくられていく，というものである。

　また，学級においては，グループが生まれ，その内外で大小トラブルの発生が避けられない。問題は，露骨にふざけ合うグループが生まれた場合である。学級内にふざけを許さず毅然として注意する他のグループが存在するとき，ふざけが，深刻ないじめに発展することはない。しかし，注意する・できるグループが注意することをあきらめて傍観者となってしまうとき，ふざけは暗黙に市民権を得てますますエスカレートしていく。これが，いじめにつながる所属集団の変化である。

(3) いじめ問題を取り巻く問題性とその対応

　いじめの進行（上述①〜⑥）過程において，いじめられる側は，自ら発するSOSが誰にも気づいてもらえないために孤独感を募らせ，人間としての尊厳を根底から否定されるような攻撃を受けて孤立感を強めていく。自死の背景には孤立感があることが多いことを踏まえると，いじめられる側の子を孤立感から解放することが課題であり，進行したいじめの対策として最も重要なことといえる。

　一方，いじめる側に視点を移せば，思春期という多感な時期に，力による人間関係における優位な立場にあっての歪曲した「楽しみ」を肌で味わってしまうことは，その後の人格形成に影響を及ぼすことは必至である。将来，犯罪とかかわる可能性も考えられる。いじめを許さない毅然とした教員の指導が，この子らの将来を救うことになるものと誰もが期待する。

　学級内で起きたいじめを見て見ぬふりをしてしまったことに対し，多くの年月が経過しても後悔の思いは消えず，自分の無力感ばかりが増大してくると述懐する傍観的立場の経験者は多い。学級内でいじめやふざけを傍観している子らに「いじめを許さない行動」を促すきっかけづくりと，注意等をしても報復行為を受けない安心感とその保障を与えるのが教員の役割なのである。

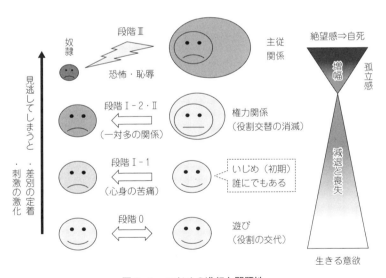

図6-1　いじめの進行と問題性

3　開発的な生徒指導

（1）生徒指導の類型化

　生徒指導概念の理解と実効性の定着のために，類型化の試みが続けられている。『生徒指導の手引［改訂版］』（文部省 1981）は，「生徒指導の意義は，青少年非行等の対策といった言わば消極的な面にだけあるのではなく，積極的にすべての生徒のそれぞれの人格のより良き発達を目指す」（p.1）ところにあるとするとともに，「生徒指導の中心目標は，問題行動や非行の防止・矯正といった消極的なものだけでなく，生徒の健康な人格の発達といった積極的なもの」（p.5）と付記し，生徒指導に積極的な面と消極的な面があることを示した。また，生徒自身による問題解決がより良くできるようになるためには，「治療的な援助」と「開発的な援助」があると述べている（p.23）。

　『生徒指導提要』（文部科学省 2010）は，「個別指導」の類型として3つのモデルを提言している。「成長を促す指導」は，すべての児童生徒を対象に，個性を伸ばすことや，自身の成長に対する意欲を高めることをねらいとするもの（p.19）。「予防的な指導」は，一部の児童生徒を対象に，深刻な問題に発展しないように，初期段階で諸課題を解決することをねらいとしたもの（p.19）。「課題解決的な指導」は，深刻な問題行動や悩みを抱え，なおかつその悩みに対するストレスに適切に対処できないような特別に支援を必要とする児童生徒に対する課題解決に焦点を置いた指導（p.20）である。

　このような用語や概念の変遷を踏まえながらも，本節では，生徒指導が個と集団との双方へ働きかけるものであることを確認し，生徒指導モデル（図6-2）を開発（開発的な生徒指導，アプローチ），予防（予防的な生徒指導，アプローチ），矯正・治療・回復（矯正・治療的な生徒指導，アプローチ）の面から組み立て，3側面から係る課題や問題を明らかにする必要があると主張する。

（2）開発的な生徒指導

　開発的な生徒指導とは，児童生徒，個に働きかけることによって個性の伸長や他者意識・社会的意識の育成をめざす指導であり，また，主に集団に働きかけ望ましい学級・集団づくりを通してこの成長を期すものである。

　児童生徒一人一人はそれぞれに「自分」をもって日常を生きている。それは，

生まれ持った性格や能力（個人的素因）の上に，環境からの影響（環境的要因）や，発達的な変化による影響（発達的要因）が加わり，新たな「自分」として絶えず成長し続ける。その際，たとえば，教室が心の居場所として機能しているならば，いじめや不登校の減少が期待できるだろうし，学級内に互いに許し合えるような人間関係が醸成されていれば，授業中の間違い発言や学習速度の遅滞などにも許容的で，熟議やアクティブ・ラーニングが効果的に行われるに違いない。

　また，教師が，普段から「わかる授業」を心がけることが，児童生徒が学校生活を送るうえで感じるストレスの軽減につながることは，誰しもが経験的に理解できることであり，問題行動を防止するためにも大切なことである。

　このように開発的な生徒指導とは，児童生徒が学校の生活を通して良い自己概念を形成するとともに，ストレス耐性の強い「体力（個人的資質）」と「環境（望ましい学級など）」をつくることに意義を置くものである。

問題の出現
行動化：行動となって現れる…いじめ，校内暴力，非行など
身体化：身体的に異常な症状となって現れる…嘔吐，発熱，腹痛，頭痛など
精神化：精神面に現れる…不眠，妄想，不安，抑鬱など

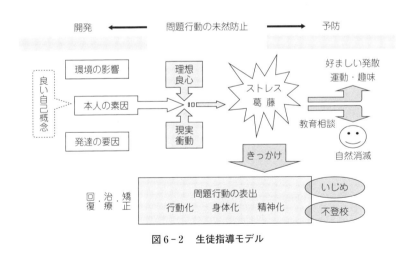

図6-2　生徒指導モデル

4　予防的な生徒指導と問題行動の未然防止

（1）予防的な生徒指導

　実際の生活では，自分が理想とする生き方や要求をそのまま実現させることは難しく，抑制事象が出現することがよくある。ここに，問題行動の準備状態（以下，「ストレス」という。）が形成される。ストレスフルな状態にあって，何らかのきっかけが生じたときに，社会的に負のエネルギーが「問題行動」となって表面化（「行動化」という。）してしまうことがある。いじめや暴力行為などは，その典型といえる。場合により，自分の身体に発熱や頭痛・腹痛といった変化をもたらす「身体化」，内面に影響を及ぼし不眠などを生む「精神化」などの状況に結びつくこともある。

　このような誰もが感じ得るストレスに対し，問題として表出することを回避する方法や体制を教員として，また，学校として整える必要がある。

　その第一には，児童生徒のストレスを消滅させるスキル，昇華させる術を身につけさせることである。校内の教育相談体制を充実させ，当該児童生徒のストレスを教員が受容し共有することによって一緒にストレスを乗り越えようとすること，熱中できる部活動があること，趣味をもつことなど，ストレスを消滅させる，他の価値に転換することなどは重要な意義をもつものである。

　第二は，ストレスを感じている児童生徒に対して，問題が表出する「きっかけ」を与えないことである。ストレスフルな状況にある子どもにとっては，どのような出来事も「きっかけ」になり得る。それを踏まえ，教育相談を通して共感し共に問題の克服にあたる，児童生徒理解に努め問題行動が起きる状況に導かない，または状況を変えることによってストレスから遠ざける，教員自らが問題を表出させるきっかけとなる事由を与えないなど，問題行動に至らないよう適切に指導・対応することが予防的な生徒指導である。

（2）問題行動の未然防止

　開発的な生徒指導及び予防的な生徒指導は，問題行動を発生させない作用がある。このような2つの指導・対応を「問題行動の未然防止」と呼んでいる。

　具体的に，いじめの未然防止について考えてみよう。

　いじめは普段の人間関係の中から生まれるものであり，所属する集団と当該仲

間意識が微妙に変化していく過程をもって生じる問題である。いつの間にか一人の児童・生徒が孤立していた，教師が結果としていじめに加担していた，木にとらわれて森が見えず児童生徒を追い込んでしまったなど，いじめの重大案件に至って振り返り，そこではじめていじめが判明することが現実にあるのもこのためである。

　したがって，体験活動を充実させ児童生徒の自己肯定感・自己有用感などの感得を通して肯定的な自己概念を育むよう企図する，他者に関心をもちながら共存と協力し合うことを是とする学級づくりを推進するなど，開発的なアプローチによっていじめ耐性と心のゆとりをもつ児童生徒を育成することが，まず必要な取り組みである。また，児童生徒の人間関係の変化に注意深く，いじめを早期に発見し早期に対応できるシステムづくり，相談体制の整備，座席替えなど，ストレスが増幅しない予防的なアプローチを進めることが大切で，このような2つのアプローチがいじめの未然防止として機能する取り組みといえる。

【参考】　各指導資料が取り上げている問題行動等
1　『生徒指導上の諸問題の推移とこれからの生徒指導』（国立教育政策研究所生徒指導研究センター，平成15年）で取り上げている内容
　①不登校，②高等学校中途退学，③いじめ，④暴力行為，⑤薬物乱用，⑥性の逸脱行動，⑦少年非行，⑧不良行為，⑨家出，⑩自殺，⑪日常の生徒指導の諸問題（飲酒，喫煙，万引き，インターネットによる課題）
2　『生徒指導提要』（文部科学省，平成22年）で「個別の課題」として取り上げている内容
　①喫煙・飲酒・薬物乱用，②少年非行，③暴力行為，④いじめ，⑤インターネット（被害），⑥性に関する問題行動，⑦自殺，⑧児童虐待（被害），⑨家出，⑩不登校，⑪中途退学

5 生徒指導におけるチーム指導

(1) 矯正・治療的な生徒指導と関係機関

　生徒指導提要では「課題解決指導」と呼ぶ問題行動の処遇指導について本章では，「矯正・治療的な生徒指導」と呼ぶ。その理由は，課題という文言の意味の曖昧性を回避するとともに，暴力行為やいじめは反社会的な問題行為である，自殺の企図は多くの場合非社会的な行為であるなど，問題性は異なるものの事態の重要性を共有しながら解決の必要性を浮き彫りにするためである。

　文部科学省が毎年度実施している調査の結果を根拠として，スクールカウンセラーやスクールソーシャルワーカー，特別支援教育コーディネーターの学校への導入が実現し，生徒指導体制の整備が図られてきた。これらの施策は，予防的な対策としての機能が期待されるとともに，近年における児童生徒の問題行動の対策にあたっては，専門的な知識やスキルが必要となってきていることに対する施策化である。

　たとえば，暴力行為事案には凶悪な犯罪や学校外の広範囲な人間関係が背景にある場合などがあり，警察との連携がなければ解決は難しい。また，ケースによっては，貧困，児童虐待，発達障害などの背景を伴う場合があり，福祉的対応，医療的対応，心理・社会的対応，法的対応などが必要になることもある。

　とりわけ常態化している問題行動や，家庭や地域の文化を受けて内面化してしまっている問題行動については，専門家や専門機関による行動の矯正や環境の調整，内面の治療が必要となるのである。

(2) チームによる指導と連携

　連携とは，固有の役割を担う2つ以上の組織が連絡を取り合い，互いに共通する部分において提携し合って効果を高めることである。警察は犯罪や非行の抑止，処遇を担うところではあるが非行少年の教育に携わることはない。しかし，非行の防止と青少年の健全育成という点においては，教育の専門機関である学校と軌を一にするところがある。そこに，連携が発生するのである。

　したがって，連携をとるべき機関について，その役割や連携の仕方について，全教員が知識として共有しておくことが必要である。たとえば，児童生徒の腕に通常ない"あざ"を発見した場合など，校内での動き方，民生・児童委員や児童

相談所などの関係機関等への相談や通告，情報提供の仕方など，普段から法令等を踏まえた対応の在り方について理解しておかなければならない。

ところで，地域の住民や関係団体との連携は，生徒指導に留まらず教育課程内の指導にも及ぶ。住民や団体などの地域人材を積極的に教科等の指導に参加を促し，教育効果を高めようとする試みが推進されている。これは，開発的な指導そのものである。また，学校になじまない児童生徒に対して，図書館や民間の相談施設などを活用することは，まさに予防的な生徒指導である。

これを踏まえ，チームを編成して連携による指導を推進することは，近年の生徒指導において特に求められてきていることである。

【生徒指導に係る関係機関】
生徒指導連携をとる機関等（生徒指導提要から）
☐刑事司法関係の機関：警察，少年補導センター，少年サポートセンター，家庭裁判所，少年鑑別所，少年院，保護観察所
☐福祉関係の機関：児童相談所，児童福祉施設（児童養護施設，児童自立支援施設），福祉事務所
☐教育相談に関する機関：教育研究所（教育センター）
☐NPO等地域の諸機関・団体：少年補導員，少年補導協助員，少年指導委員，被害少年サポーター，青少年指導員，保護司，民生委員，児童委員，主任児童委員，NPO法人（不登校児童生徒の学校復帰を支援，少年非行からの立ち直り支援など）

授業におけるアクティブ・ラーニング

1　討論・ディベートのテーマ（例）
① 「学校に行かないことは，学齢児童生徒の権利の一つである。」是か非か。
② 「いじめられている子にも，いじめられる要因がある。」この考えは認められるか，認められないか。

2　グループワークの課題（例）
不登校の問題性（不登校児童生徒の出現は，誰にとって，どのような問題を生ぜしめるか。）をまとめ，その問題を解決するための課題についてまとめなさい。

3　調べ学習課題（例）
不登校に関する法令上の規定（関連も含む）についてまとめなさい。

4　体験学習の紹介
不登校児童生徒の自立を支援する適応指導教室や自然教室では，当該教室や教育委員会が運営ボランティアを募っているところがある。また，学校独自に自然体験学習を行い，様々な生徒指導上の成果を上げているところがたくさんある。児童生徒理解の良い機会なので，積極的に情報を収集し参加したい。

5　ロールプレイング・場面指導の課題（例）
スクールバスに乗るために並んでいるところに，割込みが発生しました。黙って認めるもの，激しく抗議するもの，力づくで後ろに並ばせようとするもの，様々な生徒の姿があります。あなたは教師として，どのような指導を行いますか。

リマインド・振り返り

1 本章のまとめ（論点整理）

　問題行動といわれるものは，何が問題か，その行為は誰にとって，どのような問題をもたらすのか検討し，その問題を解決するための課題を確認することが必要である。

　生徒指導には，開発的側面，問題行動の予防的側面，問題行動の矯正・治療的側面がある。

　生徒指導に当たっては，学校内の教職員による指導はもとより，専門家や専門機関，地域の関係団体・者などとの連携による，いわゆるチーム体制による取組が効果的である。

2 発展的課題（例）

・問題行動を一定の視点に立って分類し，それに応じた対策を考えることがあります。具体的には，問題行動発生要因に基づく分類，臨床心理学的基準による分類，精神医学的基準による分類，防衛機制による分類，社会との関係による分類などがあります。それぞれの分類に基づくと，問題行動にはどのようなものがあるか，考えなさい。

3 レポート課題（宿題例）

・いじめが見つかったとき，チーム（いじめられている子の対応，いじめている子の対応，いじめに加担している子らの対応，所属集団の指導対応，直接指導に当たる教員のケアなど）による対応が必要になります。それぞれの担当教員に求められる指導の要点，配慮事項について，あなたの考えを述べなさい。

4 リアクションペーパーの課題（例）

① 生徒指導とは何か，定義を踏まえてあなたの考えをまとめましょう。
② 万引き（窃盗）があると，学校の先生が本人と保護者に注意することがあります。その根拠，目的・理由などについて考えをまとめましょう。

（松田素行）

第6章　参考文献

松田素行（2009）いじめの構造化に関する一考察『昭和学院短期大学生活科学誌』第20号.
松田素行（2014）いじめを防止する教師力を高める研修のあり方『生徒指導学研究（日本生徒指導学会誌）』第13号，学事出版.
文部科学省（2007）「問題行動を起こす児童生徒に対する指導について」（平成19年2月5日付け，18文科初第1019号　通知）
文部省（1977）『生徒指導資料第13集　問題行動を持つ生徒の指導（中学校編）』.
文部省（1979）『生徒指導資料第14集　生徒の問題行動に関する基礎資料（中学校・高等学校編）』.
文部省（1981年）『生徒指導の手引［改訂版］』.

第7章

生徒指導と教師に求められる指導力

〔レディネス〕

1　高校時代までの「先生」を思い出そう

　　人間は自らの生き方を自ら営み，自己成長していく存在である。とりわけ〈教育を受ける・自ら学ぶ〉段階では，そのあり様が「先生」の影響によることが少なくない。これまでの「先生」を思い出してほしい。

　　その具体的な学習活動やかかわり合いの場面を列挙してみよう。

2　生徒指導を行う教師のイメージしてみよう

　　本書でテーマとする生徒指導にかかわる「先生」に，どのようなイメージをもっているか。やさしいか，話しやすいか，相談しやすいか，解決してくれそうか，などの視点からそのプラス・マイナスを描いてほしい。

　　その理由を高校時代までの具体的な体験例から検討してみよう。

3　ないりたい教師像を描く

　　「教育」を学ぶ者として，めざしたい「先生の姿」があろう。生徒指導という言葉を浮かべながら，自らの表現でそれを書き出してみよう。

〔事前学修・活動〕　　＊以下の4点から2点を選択して，授業に臨むこと。

1　学習指導要領の「総則」の第4「児童（生徒）を支える指導の充実」の内容を読み込み，生徒指導に関するキーワードを抜き出してみよう。それを「先生」としてどのように解説するか，自分の言葉で書き出してみよう。

2　教科指導場面（授業）での先生と，生徒指導場面での先生には〈ちがいや共通点〉があるのか，その理由と具体例を挙げて説明してみよう。

3　『生徒指導提要』（文部科学省：平成22年3月）の第1章「生徒指導の意義と原理」を読み，〈生徒指導に求められる指導力〉を考えよう。

4　今日の教育課題（例；いじめ，虐待など）を5〜6程度挙げてみよう。そして，それに向き合う「先生」の在り方を具体的に考えよう。

〔基本解説〕

1　本章の学修のねらい

　本章のねらいは、生徒指導が求める教師の力量形成の在り方を具体的に理解することである。従来の生徒指導にありがちであった抑圧的な「……しなさい」などの指導から、援助的なかかわりである「一緒に考えよう」とする子どもの生き方やキャリア形成を支える生徒指導の方向性を探求する。

2　本章の課題の背景

　生徒指導は、子ども個々の生きる権利を保障し、こころ豊かな生活を援助することである。しかし、文部科学省の問題行動等の調査からも明らかなように、いじめや暴力行為、不登校などに苦しむ子どもの状況がみられる。また、教師の体罰や保護者の虐待の問題等もあとを絶たない。指導・援助が「後手に回る」事態も起きている。これらの未然防止と的確な対応が不可欠である。

3　本章の到達目標

(1) カウンセリングの基礎理論に学び、その感覚を演習等により習得できる。
(2) 今日的な子どもの諸問題を臨床的に把握し、それに向き合い、方策等を模索することができる。その際、とりわけ学級経営や学級活動などとの関連を重視し、学級担任としての生徒指導の在り方を実践的に学ぶ。
(3) 教師自らが〈自己成長する存在〉であることを実感できる。たとえば、子どもの〈いのち〉をあずかる責任者・人間としての自覚をもつことである。そのために、生徒指導の学校体制（態勢）を法的な視点からも理解し、生徒指導主事や管理職などとのかかわり方について具体的に学ぶ。

4　本章の学修の流れ

5　実践的な指導との関連

・ペア学習やグループワーク体験などから、学修課題を自ら設定する。
・ロールプレイングや事例検討に参画し、積極的に意見発表する。
・子どもに向き合う教師の在り方や「先生像」を自分の言葉で書き表す。

1　カウンセリング感覚のある教師

　カウンセリング（counseling）を教師の立場から考えると，すべての子どもによりよい成長と変化を求めるこころがあることに信頼を寄せ，子どもの考えや悩みなどを受けとめ，その内面的な気持に共感することである。

　換言すれば，子どもの存在を肯定的に受け容れ，子どもの言動を傾注し（受容体験），そこにある心情や感情を一緒に味わい，共感し（感情の明確化），子どもの自発的な言動を促す（行動化・方向性）ことである。たとえば，「親に勉強しろと言われると，よけいにやる気がしない。嫌だよ……」（子ども），「うー，親に言われるとやる気がなくなる……とても嫌な気持ちなんだね……」（教師）などのように，その気持ちに寄り添い，感情を理解することである（図7-1）。

　このような関係性が子どもと教師の〈あいだ〉にあるとき，不一致の事態にある子どもの心情が意欲的に行動しようとする一致した自己に変容する（図7-2）。

　そこには，子どものこころを理解し，積極的にかかわろうとする教師の姿勢と態度が不可欠である。具体的には，次の4つのかかわりを重視したい。

①「傾聴」　子どもの言葉に真剣に耳を傾ける。このことが，子どもとの関係性をつくるベースになる。些細な相談事と思われることでも，その子どもにとっては重要な出来事であるとの受け止めをする。子どもの言葉にうなずいたり，話の内容を繰り返したりする。

②「受容」　子どもをありのままに受け容れる。子どもとの〈かかわり〉をつくる生徒指導の基盤である。「わかっているけど，思うようにできない」とする子どもの情緒的な動きの取れなさを感受することである。

③「信頼」　子どもの自己成長の力を信頼する。子どもには自ら問題を考え，それを主体的に考えていこうとする自己指導の能力が備わっている。自ら考え実行できるよう，その話題を一緒に話し合い，〈自分でできる〉〈自ら選んでみる〉という自信と勇気に子どもが自ら気付くようにかかわることである。

④「純粋性」　学級教師自らが自己一致していることである。日々の教育活動で子どもの考えを十分に聴き，その事実に積極的にかかわろうとする教師の生き方をもつことが基本である。たとえば，授業中の教師像と日常の教師像が，子どもの眼から見てできるだけ一致しているほうが望ましい。教師自らが心身ともに〈偽りのない自己〉でありたい。

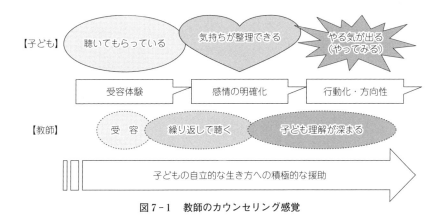

図7-1　教師のカウンセリング感覚

図7-2　自己不一致から自己一致へ

〈資料〉

① カウンセリングの定義：「クライエントに対して，面接やグループ・ワークによる言語的または非言語的コミュニケーションを通しての心理的相互作用（人間関係）によって，行動や考え方の変容を試みる援助の方法であり，クライエントの人格的統合の水準を高めるための心理的方法。」（小林 2004）
② 純粋性の意味：「純粋性（genuineness）は，カウンセリングを体系づけたカール・ロジャース（1902-1987）が教師及びカウンセラーらの治療的態度として重視した概念である。自己体験の正確さや十分に機能する人間，心理的適応がなされていることなどの意である。」（チューダーほか 2008）

〈キーワード〉　カウンセリング　共感　受容　自己一致　自己成長　純粋性

2　子どもの問題に向き合う教師

　子どもは，それぞれの成長・発達の過程にあって，多様な課題や問題に直面する。たとえば，勉強がうまくできない，いじめにあう，暴力的になる，登校を渋る，親子関係に悩むなど。その解決が困難なケースも少なくない。

　これらに，教師はどのように向き合うのか。その問題状況には，大きく，① その子自身の学習や生活の全般に困難な要因がみられる場合，② 集団や他とのかかわりにおいて困難な状況がみられる場合の2つの側面が考えられる。

　双方の場合とも，子ども個々の生き方や在り方など，自己成長のプラス要因になりにくいことから，何らかの適切な配慮や指導・援助が必要になる。

　たとえば，「（小学2年生）好奇心旺盛で計算力や科学的な理解力は優れているが，少しでもできないと〈もうわからない！〉とパニック状態になる。椅子をガタガタさせたり学習用具を散らかしたりもする」などのケースである。

　確かに，指導に困惑する。その場での即時的なかかわり（このケースでは「できなくて悔しいね」などと温かく接する）とともに，表7-1のように個別的理解と集団的理解の視点をチェックしながら具体的な援助を工夫したい。

　また，とくに指導上の配慮を要するケースには，その問題状況に多様な背景が考えられよう。一人の教師としては，その向き合いに困難な場合が少なくない。一つ一つの問題点を手がかりに，その子に応じた自己成長の在り方を包括的に援

表7-1　向き合う視点例

【個別的理解】
- □① 子ども個々の学習能力を把握した授業展開を工夫しているか。
- □② 可能な限り個別的な指導計画を立案しその指導を工夫しているか。
- □③ 子どもの個別的な課題に即して〈心理的な安定〉を図っているか。
- □④ 個別学習や面接などの機会を設けてゆっくり対応しているか。
- □⑤ 学習の遅れやLD・ADHD傾向の子への対応に留意しているか。
- □⑥ 子どもの成長や指導状況を記録し，累積的な指導をしているか。
- □⑦ 保護者ともかかわり，相互に連携した指導をしているか。

【集団的理解】
- □⑧ 個の問題が学級などの集団場面にかかわる状況を理解しているか。
- □⑨ 特に学級の「個と集団の関係性」を重視した指導をしているか。
- □⑩ 「いじめは許されない」との認識に立った指導をしているか。
- □⑪ いじめや暴力行為が発生した場合，迅速な対応をしているか。
- □⑫ 学習活動にグループ活動や話し合いの場を適切に取り入れているか。
- □⑬ 係活動やボランティア活動などの体験的な活動を実践しているか。
- □⑭ 子どもたち自身が主体的な問題解決を図る場面を設定しているか。

助する。その際には，学級担任が主としてかかわる事項と学校全体として関与する事項との相互関連を組織的に図るようにする（図7-3）。

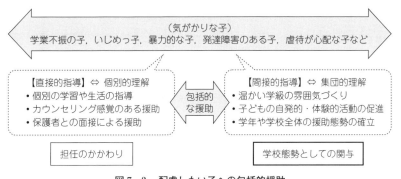

図7-3　配慮したい子への包括的援助

〈データ〉　暴力行為，いじめの状況

表7-2　暴力行為の発生件数（管理下）の推移

	24年度	25年度	26年度	27年度	28年度	29年度
小学校	7,542	10,078	10,609	15,870	21,605	26,864
中学校	34,528	36,869	32,986	31,274	28,690	27,389
高等学校	8,195	7,280	6,392	6,111	5,955	5,944
合　計	50,265	54,227	49,987	53,255	56,250	60,197

・とくに小学生の数値が増加傾向にある。（この5年間で約3倍）
・中・高校生は減少傾向。

表7-3　いじめの認知件数の推移

	24年度	25年度	26年度	27年度	28年度	29年度
小学校	117,384	118,748	122,734	151,692	237,256	317,121
中学校	63,634	55,248	52,971	59,502	71,309	80,424
高等学校	16,274	11,039	11,404	12,664	12,874	14,789
特支学校	817	768	963	1,274	1,704	2,044
計	198,109	185,803	188,072	225,132	323,143	414,378

・小学校での認知件数が高い。（この5年間で約3倍）
・この数値をどう理解するか？

出典：文科省「児童生徒の問題行動・不登校等生徒指導上の諸課題に関する調査」（平成30年10月25日）

〈キーワード〉　個別的理解　集団的理解　ＬＤ・ＡＤＨＤ傾向の子　包括的援助

3　学級担任が行う生徒指導

　生徒指導そのものは全教職員による教育活動である。しかし，日常的な指導・援助は学級担任が直接的に行うことが大半であろう。子どもの学校及び学級の生活に関与し，互いに学び合う存在であるから。とくに小学校の担任は全教科の授業を担当し，子どもの学習や生活の状況を理解している。また，教科指導専門の中・高等学校の学級担任にあっても，その基本は同様と考えられる。

　このように学級担任は，生徒指導を日々行いやすい立場にある。それは，①子どもの学級所属が明確であるから機会あるごとに継続的な指導・援助が可能，②指導の過程や結果を学習指導と生徒指導に相互作用的に生かせる，③時間や場所に融通性があるために子どものニーズに早急に応じられるなどによる。

　具体的な展開は，学校の全体計画をもとに，学級担任が学期ごとや月ごとに指導の重点等を位置づけ，活動内容等を計画的に進める（表7-4）。

　その活用にあっては，①担任の指導理念を生かす，②日々の学習指導や学級づくりの内容を適切に位置づける，③研修等で得た生徒指導の知識・技能を具体化する，④年間の途中で見直したり改善したりする余地を残す，⑤具体的な指導例を学年会や校内研修会等で提案する，などに留意する。

　この年間計画が充実するには，担任の日々の学級経営の在り方が問われる。学習指導要領の総則に示される学級経営の特性等を踏まえ*，今日の学校教育の状況に照らして，次の4つの経営の在り方を具体的に展開したい。

事　項	具体的な内容
基盤経営 （基本的要件）	学年目標・学級目標の設定，子どもの実態把握，学年経営案・学級経営案の作成，係活動など学年・学級の諸活動の組織，学年・学級経営の評価の改善など
授業経営 （領域的要件）	（主に教育課程の編成・実施に関すること） 　学年・学級における各教科・道徳・特別活動・総合的な学習の時間の適切かつ効果的な指導と運営，具体的には指導計画づくり，教材研究，授業展開づくりなど
集団経営 （機能的要件）	（主に子どもにかかわる生徒指導に関すること） 　子どもの実態把握，集団内における個への援助・指導，子どもと教師の人間関係づくり，学級集団づくり，日常生活の指導など
環境経営 （経営的要件）	教師の教育観の具現化，学級会コーナー・学年掲示板など教室の環境経営，学年・学級の事務運営，学校・学年・学級相互の連携，保護者・地域との連携・協力など

表 7-4　学期ごとの生徒指導年間計画例（中学 1 年担任作成）

第 1 学年 B 組　学級での生徒指導年間計画（案）　　担任　K，H		
○指導のねらい	・生徒の悩みを聴き，問題解決に一緒に取り組む指導援助を行う。 ・日々の学習指導に生きる学級の生徒指導の在り方に努める。	
期	指導のポイント	具体的な指導の例
一学期	・学級づくりの基盤形成 ・個別的な適応 ・心身の健康状況の観察 ・問題行動等への対応 ・夏季休業中の指導	出会いの体験／人間関係づくり／学級担任の自己開示／係や班活動の工夫／欠席がちな生徒への対応／不安や悩みの調査／養護教諭やカウンセラーとの情報交換／親子面接による課題把握／トラブルの早期発見と指導／係活動の促進／登校日の相談活動・進路相談
二学期	・不安や悩みの解消 ・個に応じる進路相談 ・学業指導の充実 ・三者面談での学び	担任との人間関係の問い／エンカウンターの体験／人間関係の深化と話し合いの技法習得／個別的な悩み相談／不登校生徒への援助／個別面談の実施／学習のつまずきの発見と指導／期末考査に関する学習相談
三学期	・学級生活への適応 ・個別的な相談援助 ・指導の評価と改善点 ・次年度の計画作成	生徒の自己理解状況の確認／学級活動の在り方を問い直す／遅刻・欠席など不適応への個別指導／学校の方針に照らした指導の見直し／生徒自身が自分を語る（個人面談）／一年の思い出の作文の作成
通年の計画	① 生徒相互の人間関係の醸成に努める（エンカウンターや話し合い活動の重視）。 ② 学級通信の発行，日記指導，係活動などの具体的な実践を行う。 ③ 朝や帰りの会の時間を利用して，「よかった探し」を行う。 ④ 生徒が自ら考える授業展開を工夫し，発問の仕方を改善する。 ⑤ 保護者に笑顔で接し，個々の事情をよく聴き，懇切丁寧な対応に心がける。	

*小学校学習指導要領の「総則」（第 4 の 1 （1）（2））

> （1）学習や生活の基盤として，教師と児童との信頼関係及び児童相互のよりよい人間関係を育てるため，日頃から学級経営の充実を図ること。また，主に集団の場面で必要な指導や援助を行うガイダンスと，個々の児童の多様な実態を踏まえ，一人一人が抱える課題に個別に対応した指導を行うカウンセリングの双方により，児童の発達を支援すること。（略）
> （2）児童が，自己の存在感を実感しながら，よりよい人間関係を形成し，有意義で充実した学校生活を送る中で，現在及び将来における自己実現を図っていくことができるよう，児童理解を深め，学習指導と関連付けながら，生徒指導の充実を図ること。　　（下線：有村）

・学級経営の充実の位置づけ
・ガイダンスとカウンセリングの考え方
・人間関係の重要性
・生徒指導と学習指導との関連

〈キーワード〉　担任の継続的な指導・援助　生徒指導の年間計画　担任の指導理念
　　　　　　　4 つの経営（基盤経営，授業経営，集団経営，環境経営）

4 「先生」自らが成長する

　教師の仕事は，複雑多岐にわたる。とりわけ新任者にとっては，子どもたちの学習指導や生徒指導を中心にした教授活動，保護者とのかかわりや同僚など組織人として役割の遂行など，多様な対応に戸惑いも覚えることもあろう。

　学校の現場では，経験年数や研究暦にかかわらず教員免許を有する一人前の「先生」として，子どもたちや保護者，同僚等に向き合うことになる（図7-4）。まさに，子どもの〈いのち〉をあずかる責任者としての自覚が求められる。

　その自覚と責務の在り方を，以下の3点から具体的に修得したい。

　まず，第一に，付き合い方を学ぶ。他者との適切なかかわり方やそれに呼応した自己コントロールの仕方が，**職業人・専門職***としての「先生」に求められる。たとえば，教材研究をする，子どもの実態を把握する，授業案を作成する，子どもと授業を創るなどとともに，同僚の先生と一緒に行事等の校務運営を進める，職員会議等に出席するなどの実務作業などに向き合う。ここでは，「先生」の教育観や専門性を生かしつつも，組織人としての社会性のある柔軟な動きが求められる。自分だけの考えや判断だけでは付き合えない事態もあろう。仲間意識やヨコの関係とは異なる〈タテ社会の論理〉を学ぶ必要がある。

　第二に，失敗や困難に向き合う。先生としてのレジリエンス（Resilience）を獲得することである。かかる事態の認識のズレを乗り越える力量形成である。たとえば，理科の実験ミスを生徒と試行錯誤しながら原因追究する，こじれたいじめのケースをスクールカウンセラーと一緒に修復する，保護者の理解と協力を得て学級の荒れを立て直すなど。このように諸課題に出会い，その問題解決を実体験することが教師の任務であり，成長のチャンスであるいえよう。

　第三に，世相をみる眼をもつ。「先生の仕事は楽しい」といいたい。しかし，現実はそれほど甘くない。現代社会は仕事をすること，収入を得ることに厳格さを求める時代である。教育現場にも市場原理が垣間見られる。たとえば，仕事への責任性，その成果追求，業績評価・人事考課など。子どもたちとともに保護者，地域社会，採用者（教育委員会）側がその具体的なカタチを要求している。「先生」には，子どもの学習意欲を高める，わかる授業を展開する，保護者や地域の方々と協働して教育活動を行う，管理職に職務内容を的確に報告するなど，アウトカム（成果）が求められる。その意味では，子どもとの学び合いの喜びの裏側

に，それを可能にする不断の努力と研鑽が共存しているのである。

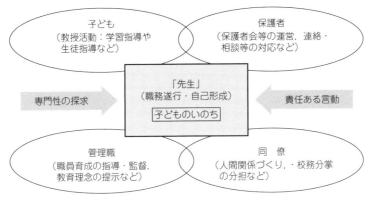

図7-4　教育者の自覚と責務

＊**教師の専門性**　「教員の地位に関する勧告」抜粋

> 5　教員の地位は，教育の目的及び目標に照らして評価される教育の必要性に相応したものとする。（略）
> 6　教職は，専門職と認められるものとする。教職は，きびしい不断の研究により得られ，かつ，維持される専門的な知識及び技能を教員に要求する公共の役務の一形態であり，また，教員が受け持つ生徒の教育及び福祉について各個人の及び共同の責任感を要求するものである。
> 7　教員の養成及び雇用のすべての面において，人種，皮膚の色，性，宗教，政治上の意見，国民的若しくは社会的出身又は経済的条件を理由とするいかなる形式の差別もなされないものとする。
> 8　教員の勤務条件は，効果的な学習を最大限に促進し，かつ，教員がその職務に専念しうるようなものとする。
> 出典：ユネスコ「教員の地位に関する勧告」（1966）（下線：有村）

（教員の地位・評価や専門職（特に研究），責任感，養成・雇用，職務専念などを規定している。）

〈キーワード〉　組織人として役割分担　専門職としての「先生」　レジリエンスの獲得

5　職層に求められる生徒指導への対応

ここでは，主に生徒指導主事と管理職（校長・教頭）について考える。

生徒指導主事*は，担当する生徒指導部内の業務をラインとして処理していくだけでなく，学校経営のスタッフの一人として（校長の監督を受け），学校の生徒指導全般にわたる業務の企画・立案・処理などを職務として遂行する者である。その仕事内容と求められる資質・能力は，以下の諸点である。

職務の中心は，自校の生徒指導の実情を把握し，教職員に適切な指導助言を行う。その際，以下の①～④をもとに重点的にアドバイスしたい。

①個別的・発達的な教育を基盤にする	一人一人の能力・適性，興味・関心など，児童生徒の人格を十分に尊重し，その発達に応じた社会的な資質・能力と自己指導能力を育成することが，生徒指導の目的である。
②児童生徒の現実の生活を重視して進める	現在の生活をより充実する営みが，将来の希望や目標の実現につながる。児童生徒の生活実態を適切に見つめ，それを適切に理解しながら組織的・計画的に展開される必要がある。
③すべての児童生徒を対象に指導援助する	健全な成長や自己指導能力の育成は，特定の児童生徒に求めるものではない。すべての児童生徒が自ら希求し，自らの努力で実現するものである。その指導援助が，生徒指導の根本的な原理である。
④児童生徒の在り方生き方を総合的に援助する	児童生徒の発達・成長は，身体的，知的，情緒的，社会的などの諸側面から総合的である。そのプロセスに積極的・有機的に全教職員がかかわることが生徒指導の在り方である。

管理職は，学校の最高責任者である。とくに生徒指導にあっては，〈一人一人の児童生徒が安心して学べる場としての学校づくり〉を基本にする。

そのために，企画力・実行力，使命感・判断力，構想力・信頼感などが重要である（図7-5）。そして，問題行動等の対応では児童生徒や保護者の立場に立ったカウンセリング感覚のある援助を徹底する。また，的確な調査データや情報等をもとにして，毅然とした実直な対応，協働態勢の確立，複眼的な指導体制，透

明性のあるしかも適正な情報提供などを行うことが重要である。
　とりわけ，保護者や地域社会等への対応では，「説明責任」の在り方が問われる。加えて，教育者（最高責任者）としての専門的なコメント力も求められる。わが子の成長を願う保護者の立場や考え・思いを十分に理解し，その児童生徒の生き方の方向や学校の援助態勢などを具体的に明示する必要がある。

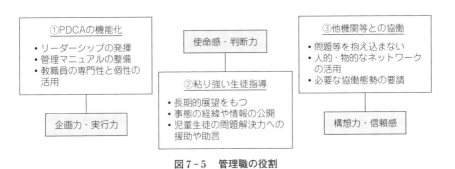

図7-5　管理職の役割

＊生徒指導主事の位置づけ

●学校教育法施行規則の規定
第七十条　中学校には，生徒指導主事を置くものとする。
2　前項の規定にかかわらず，第四項に規定する生徒指導主事の担当する校務を整理する主幹教諭を置くときその他特別の事情のあるときは，生徒指導主事を置かないことができる。
3　生徒指導主事は，指導教諭又は教諭をもって，これに充てる。
4　生徒指導主事は，校長の監督を受け，生徒指導に関する事項をつかさどり，当該事項について連絡調整及び指導，助言に当たる。
（高等学校は準用規定。小学校の位置づけはないが，その多くが中学校と同様に置いている。）　　　　　　　　　（下線：有村）

・必置の主事である。
・校長の監督を受けた職務
・連絡調整及び指導，助言を行う

〈キーワード〉　生徒指導主事　管理職　ライン・スタッフ　企画・立案・処理
　　　　　　　最高責任者の役割（企画力・実行力，使命感・判断力，構想力・信頼感）

授業におけるアクティブ・ラーニング

1 討論・ディベートのテーマ例
① 子どもの「よさ」を生かすために,教師は「ほめる・認める」と「叱る・諭す」のバランスをどのように取るのか。双方の考え方を話し合う。
② 問題行動を起こした子どもの指導場面で,〈カウンセリング感覚のある対応は有効ではない〉との論をどう考えるか,その賛否を議論する。
③ いままでの学校生活で見聞した「いじめ」や「不登校」などの事例をもとに,教師としてどのように対応するのか,その具体策を話し合う。

2 グループワークの課題例
①「先生,私の上履きに画鋲が入っていたんです。きっと,S君の仕業だと思います……」と訴える子に,どのように応じるのか,グループで話し合う。それらの意見を書き出し,発表する。(3～4人のグループ)
② 本章107頁のデータ「暴力行為,いじめの状況」から,教師にどのような指導力が求められるのか,議論し合う。(6～8人のグループ)

3 調べ学習の課題
① 文部科学省が毎年発表している児童生徒の問題行動等の調査結果(最新データ)から,気になるデータを図表化し,問題点を明らかにする。
② 複数校の校務分掌に記されている生徒指導の組織図を調査し,そこにみられる指導体制(態勢)の在り方を自らの意見として取りまとめる。

4 体験学習の紹介
① 学校の研究発表会に参加し,授業における子どもと教師の関係性を学ぶ。
② 近隣の学校でのボランティア体験から,子どもとのかかわり合いを学ぶ。

5 ロールプレイング・場面指導の課題
以下の相談例について,3人組(子ども役・先生役・観察者)でロールプレイングを行う。本例をもとに,他の例も出し合って体験する。

> B子:「(重い口を開くように)あの…,先生…。あのー,いつも一緒に遊んだりしているAさんのことだけど,…なんかね,LINEに『みんなー,A子をはずさない? お荷物じゃん…』ときたんです。そう…もちろん,A子には回っていないし…。わたし,前からA子とは仲良しだし,近所だし…」

＊子ども役の感じ方,教師役の受け止め(共感性)を中心に議論する。

リマインド・振り返り

1 本章のまとめ

　生徒指導は，子どもの人格の成長をめざし，その自己実現を援助することである。そこには，以下のような「先生の姿」がみられよう。

> 本章の学びの成果として，□の欄に自己チェックしてみたい。
> ①□ 子どもとの信頼関係を築き，カウンセリング感覚のある援助をする
> ②□ 子ども個々のよさや能力を引き出す指導・援助をする
> ③□ 子どもや保護者の相談や悩みを積極的に聴くようにしている
> ④□ 早期発見・早期対応を基本にし，事実にもとづく指導を行う
> ⑤□ 問題の事実に的確に向き合い，個別的なケアを大切にする
> ⑥□ 学校の基本方針をよく理解し，組織を生かした指導を重視する
> ⑦□ 自らの役割を自覚し，学年の教員や管理職などに連絡・相談する
> ⑧□ 養護教諭やSC等の役割を理解し，その連携・協力を重視する
> ⑨□ 家庭・保護者，関係諸機関等との連携・情報収集に配慮する
> ⑩□ 学年・学級経営等と関連させた生徒指導の年間計画を作成する

　換言すれば，子どもとのかかわりを通して教師自身がカウンセリング感覚を磨き，自らがレジリエンス（Resilience）を克復し，学校や社会に対する積極的なエンゲージメント（Engagement）を獲得することである。

2 発展的課題

　「教科指導での教師」には，生徒指導とは異なる〈先生〉が求められるのか。各々の機能性と系統性の視点からその相違点等を検討したい。

　「教師の生き方在り方が，子どものキャリア形成に影響を及ぼす」との論があるとき，その場面や事態はどのように分析・検討できるのか。

3 レポート課題例　＊授業後に，以下の1つを選択して後日提出する。

① カウンセリング感覚のある「先生」とは，どのような教師か。ロールプレイングの体験などをもとに，1000字程度で論じなさい。
②「生徒指導では組織的な指導を重要する」との見解について，その考え方や賛否等について，1000字程度で論じなさい。
③ 第3節で学んだ「学級担任が行う生徒指導」について，もっとも重視したいことを1～2点挙げ，その理由を1000字程度で書きなさい。

4 リアクションペーパーの課題例　＊授業の終末10分程度で記述する。

・事前学修や調べ学習の体験は，本章の学びでどのように深められたか。
・ロールプレイングの体験を「先生」としてどのように生かすのか。
・111頁の図7-4「教育者の自覚と責務」から，学ぶことは何か。

　　　　　　　　　　　　　　　　　　　　　　　　　　　　（有村久春）

第7章　参考文献

有村久春（2011）『カウンセリング感覚のある学級経営ハンドブック』金子書房.
有村久春（2014）『改訂版　学級教育相談入門』金子書房.
有村久春（2017）『改訂三版　キーワードで学ぶ特別活動 生徒指導・教育相談』金子書房.
小林司編（2004）『カウンセリング大事典』新曜社.
澤正（1912）『學級経営』弘道館.
キース・チューダーほか，岡村達也監訳（2008）『ロジャース辞典』金剛出版.
文部科学省（2010）『生徒指導提要』平成22年3月.
『平成29年版　教育小六法』学陽書房.

第8章

新たな時代と生徒指導への
教育的意義と期待

〔レディネス〕

1 児童生徒の心の有り様，興味や関心の状況などをはじめとし，児童生徒理解について日ごろから興味，関心をもち実践している。
2 第2章の教育の不易な部分である「生徒指導の教育的意義」について理解している。
3 新たな時代に必要な教育とは何か，そして，その教育を実現させるための条件は何かを考えている。

〔事前学修・活動〕

以下の課題から2つ選択し，事前学修を行って，授業に臨むこと。
1 改訂学習指導要領の背景にある中央教育審議会答申を読み，新たな時代の教育への要請や期待について調べておく。
2 児童生徒や青少年の意識調査等，様々な調査結果から児童生徒の生徒指導上の問題点について考察しておく。
3 毎年国が実施している「児童生徒の問題行動・不登校等生徒指導上の諸課題に関する調査」の結果を一読し，自分なりに児童生徒の生徒指導上の今日的課題を整理しておく。
4 厚生労働省のホームページ等から児童相談所における虐待の相談件数や相談内容を把握するとともに，虐待防止対応に関する法令等を整理しておく。
5 「いじめ防止対策推進法」(2013（平成25）年6月成立)について調べるとともに，その概要について整理しておく。
6 インターネット検索等により，地方公共団体がそれぞれ作成している児童生徒対象とした情報モラル教育等に関する啓発資料を収集し，指導のポイントを整理しておく。
7 インターネット検索等により，関係諸機関や団体が作成している児童生徒を対象とした薬物乱用防止や性被害防止等に関する啓発資料を収集し，指導のポイントを整理しておく。

〔基本解説〕
1　本章の学修のねらい
　学校教育における「不易と流行」のそれぞれの部分を十分に見極めつつ児童生徒の教育活動を展開することが重要である。本章では，生徒指導の教育的な機能を踏まえつつ，これからの時代が学校教育に何を求めているかを確認するとともに，生徒指導が果たす役割と意義について理解していく。

2　本章課題の背景，問題点
　新たな時代を生きる子どもの教育を考えるとき，自ら学んでいく「主体性」，人との共生の中で課題解決を図ろうとする「豊かな人間性」，自分を深く理解し，成長させ自己実現を図ろうとする「自主性」などの力を育成することは今以上に求められている。この課題を達成するためには，時代の要請に応える自己指導能力の成長，発達を促す生徒指導の在り方が問われている。

3　本章の到達目標
(1) 新たな時代における生徒指導の重要性について理解することができる。
(2) 生徒指導の今日的課題を認識するとともに教育目標達成に向けての生徒指導の果たす役割について理解することができる。
(3) インターネットや性に関する課題，児童虐待への対応等の今日的な生徒指導上の課題を関係機関等と具体的に連携して解決する方策について理解することができる。

4　本章の学修の流れ
(1) 中央教育審議会答申や学習指導要領総則などを読み，新たな時代の教育の方向性について理解する。
(2) 新たな時代の教育の方向性や児童生徒の健全育成の今日的課題を踏まえ，これからの生徒指導の教育的意義について考察する。
(3) 今日的な生徒指導上の問題の具体的な対応策について理解する。

5　実践的な活動（指導）との関連
(1) 教育課程編成の上での生徒指導の意義や役割，集団指導や教育相談の在り方について理解する。
(2) 学校「内」，「外」の関係機関等との連携を踏まえ，具体的な生徒指導の組織的対応について理解する。

1 新たな時代の教育の方向性と生徒指導の教育的意義とその期待

　1987（昭和62）年の臨時教育審議会の第4次答申において，教育改革の視点として，「個性重視の原則」，「生涯学習体系への移行」，「（国際化や情報化等への）変化への対応」が示された。これらの視点は，その後の教育改革にも脈々と引き継がれ，学習指導要領の改訂にも反映している。特に，国際化や情報化等の急速な社会の変化は，人々の社会生活全般にも大きな影響を与えている。社会全体がその対応に苦慮している状況も見られる。このような現状の中で，児童生徒の教育への本質を見間違えることなく，かつ，その変化に適切に対応していくことが求められている。とりわけ，学校生活への参加意欲や姿勢などにかかわる生徒指導の教育的機能は，それぞれの学校の教育目標の達成に大きな影響を及ぼしている。

（1）新たな時代の教育の在り方と生徒指導

　新たな時代を生きる児童生徒に豊かな人間性，コミュニケーション能力，人間関係形成能力，情報活用能力，課題対応能力などの資質・能力の育成が急務であるとの指摘がある。このような中で，改訂学習指導要領は，中央教育審議会の答申（2016年12月21日）を踏まえ，新たな時代の教育の在り方として，「何ができるようになるか」という明確化，主体的・対話的な深い学びをめざす授業改善の工夫，カリキュラムマネジメントの推進などを挙げている。すべて重要な事項であり，満足する成果を得るためには，生徒指導の充実は不可欠である。特に，自己指導能力の成長や発達を促す支援を強化するとともに，新たに学校や児童生徒，地域の実情や児童生徒の発達課題を踏まえつつ，児童生徒に

① 新たな価値を生み出す豊かな創造性
② グローバル化の中で多様性を尊重するとともに，多様な他者と協働しながら目標に向かって挑戦する力
③ 地域創生等を含め持続可能な社会をつくる力
④ 自分らしさを探求し，自己実現に努める力

を育成することが求められており，その育成が期待されている。

（2）生徒指導の今日的な教育的意義と期待

「生徒指導は，その内容から見れば，児童生徒の人格の育成をめざす発展的な生徒指導，現実の問題等に対して適応したり回避したりするための予防的な生徒指導，さらに問題行動等に対する規制的あるいは治癒的な生徒指導といった多面的な性格をもっている。」（国立教育政策研究所生徒指導研究センター 2006「生徒指導体制の在り方についての調査研究」報告書 p.2）と示されている。実践的に考えれば，健全育成を中心とした① 児童生徒の人格の育成をめざす発展的な生徒指導，② 現実の問題等に対して適応したり回避したりするための予防的な生徒指導である積極的な生徒指導と，③ 問題行動等に対する規制的あるいは治癒的な生徒指導といわれる消極的な生徒指導がある。前述（1）を踏まえれば，各学校では，積極的な生徒指導の展開を期待したい。また，生徒指導には，安全指導，適応指導，保健指導など児童生徒の健全育成を図る様々な部面がある。加えて，加速度的な社会の変化の中で，インターネットや性に関する問題，児童虐待への対応等の今日的な生徒指導上の課題をはじめ新たな問題行動等への適時適切な対応も求められていることも事実である。図8-1は，児童生徒の進路目標に向かっての自己実現を図る際，教師の生き方指導としての生徒指導の部面である。

それぞれの学校の教育目標達成のための積極的な生徒指導の推進，新たな問題行動への対応の2つが，これからの生徒指導の教育的な意義といえる。

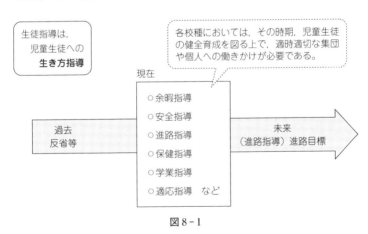

図8-1

〈キーワード〉 自己指導能力 発達課題 生徒指導の部面

2　生徒指導の今日的な課題とその背景

「課題」とは，課せられた問題といえる。生徒指導の今日的な問題は，いじめ問題，不登校や虐待への対応の問題，暴力問題など児童生徒の問題行動等の現象面が頭に浮かぶ。その背景としての家庭や地域等の教育力の低下を指摘することもある。また，各種の児童生徒の意識調査等の結果から，自己価値観の獲得，体力の向上，耐性の強化，道徳性の育成などを挙げる場合もある。学校は，これらの問題に対して解決の取り組みを行っている。すべて解決できるとは限らず，残された問題や集約された問題を解決することが課題となる。したがって，課題は，解決することが前提であり，「達成する」という意味合いの方が近い。ここでは，課題達成のための方策についてふれる。

（1）生徒指導充実の2つのポイント

生徒指導を展開する上で児童生徒の正しい実態把握なくして成果をあげることは期待できない。したがって，児童生徒理解の充実が何より重要である。また，児童生徒の生活は社会状況にも大きく影響を受ける。この意味で，現状の児童生徒を取り巻く状況を的確に分析し，児童生徒理解を深めることが重要である。戦後の社会状況の中で少年非行の第一次ピークは，終戦直後の社会的混乱が背景にあった。その後，経済復興による消費ブームの中での深夜徘徊，盛り場での遊び非行といわれる第二の非行のピークが生まれた。その状況下の中で時代に対応した生徒指導は行われてきた。したがって，現在の社会状況の的確な分析を踏まえ，児童生徒に身に付けさせたい資質や能力を見極めるかが重要といえる。前節1の（1）の①から④の資質や能力は，新しい時代が求めている力といえる。そして，これらの資質や能力の根底にあるものは「主体性」である。したがって，主体性の育成は健全育成の視点から生徒指導の重要な課題である。また，生徒指導は自己指導能力の成長，発達への支援を促す重要な教育的な機能といえる。自己指導能力とは，「生徒が自主的に判断，行動し積極的に自己を生かしていく能力」といわれている。これからの情報化，グローバル化等の時代においてこの力は重要であり，この根底にも主体性がある。

この意味で，先ず，生徒指導の今日的な課題として，① 児童生徒理解の深化，② 児童生徒の「主体性」の育成が挙げられる。

（2）開かれた生徒指導の推進

次に，生徒指導体制の改善も重要な課題である。2007（平成19）年6月に学校教育法施行規則の改正があり，学校評価（自己評価と結果の公表）が義務付けられた（第66～68条）。これは，児童生徒がよりよい学校生活を送れるよう信頼される開かれた学校づくりを目的としている。そして，この開かれた学校づくりの考え方は，学校運営協議会制度や「チーム学校」の実現などにも発展し，今後も進展していくものと考える。児童生徒，保護者が学校を評価する視点として，施設・設備面以外では，我が子の学力をつけるとともに個性を開花してくれるか，安全安心な学校生活が送らせてくれるか，進路目標を実現させてくれるか，の3点が挙げられる。開かれた学校づくりの視点からいえば，これらの取り組みも公表することが前提であり，保護者や地域から取り組みについて適切に評価される。問題行動等の取り組みや対応についても同様である。このように学校の教育活動の可視化が進んでいく中で，学校は，保護者や地域とこれまで以上にネットワークを強化し，緊密な連携を図り，協働して問題を解決する指導体制の構築を図る必要がある。開かれた生徒指導の推進も大きな課題である。

〈キーワード〉　主体性　学校評価　学校運営協議会制度　チーム学校

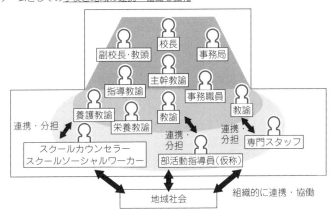

図8-2　チーム学校のイメージ

出典：中央教育審議会「チームとしての学校の在り方と今後の改善方策について」
（答申）2015年12月所収のイメージ図。

3　生徒指導の今日的な問題行動等への対応①

　図8-3は，2016（平成28）年度の「児童生徒の問題行動・不登校等生徒指導上の諸課題に関する調査」（2017年10月）におけるいじめの発生件数の推移であるが，いじめ問題は学校教育の大きな今日的な問題である。

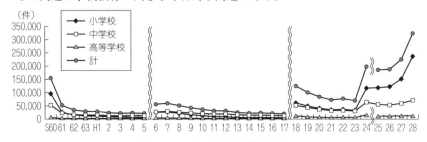

図8-3　いじめの発生件数の推移
出典：いじめの認知（発生）件数の推移（参考1）。

（1）いじめ問題根絶，防止への対応

　それぞれの学校は，教育目標の達成をめざして組織的に教育活動を展開している。教育目標のめざす児童生徒像は，明るい子ども，元気な子ども，心やさしい子ども，たくましい子どもなどを掲げている。「いじめる子ども」とは真逆の姿である。したがって，いじめがあったとき，学校は教育目標を達成するために組織をあげて対応しなくてはならない。この意味で，いじめ根絶や防止は，これまで教育だけの問題として捉えられてきた傾向がある。しかし，学校の対応にも限界があり，いじめ問題への対策を社会全体で進めていこうという考えのもと，「いじめ防止対策推進法」が2013（平成25）年6月に成立した。この法では，「いじめ防止等のための基本的な方針」を国や地方公共団体，学校が策定することが明示されている。第2条には，いじめの定義が次のように示されている。「この法律において『いじめ』とは，児童等に対して，当該児童等が在籍する学校に在籍している等当該児童等と一定の人的関係にある他の児童等が行う心理的又は物理的な影響を与える行為（インターネットを通じて行われるものを含む。）であって，当該行為の対象となった児童等が心身の苦痛を感じているものをいう。」（下線は筆者）

　下線部は正に情報化の影響であり，その陰の部分である。情報化の進展は，児

童生徒に携帯電話やスマートフォンを与えた。それは，新たないじめ問題も生んでいる。前述の「児童生徒の問題行動・不登校等生徒指導上の諸課題に関する調査」においても，これまでと同様にいじめの態様として最も多いものは「冷やかしやからかい，悪口や脅し文句，嫌なことを言われる。」であり，全体の6割を超えている。小，中，高と校種が上がるにつれ「パソコンや携帯電話等でのひぼう・中傷や嫌なことをされる。」の数値が高くなり，高等学校では冷やかし，からかい等に次，2番目の数値を示している。SNS等を利用したいじめで不登校となった生徒の事故も報道されている。

　いじめ防止対策推進法第34条には，学校評価における留意事項として，学校のいじめ防止の取り組み等についての適正な評価の実施についても示されている。

(2) いじめの未然防止，早期発見，早期対応，重大事態への対応

　いじめ問題への対応として，最も重要な取り組みは，「いじめの未然防止」であり，これは，積極的な生徒指導の展開である。温かな学級づくり，好ましい人間関係づくりの様々な取り組みを実践することである。次に，それでも「いじめは起こりうる」という意識をもち，アンケートや面談などで早期発見に努めることである。いじめを発見した場合，いじめ被害者の立場で問題を解決する姿勢をもち，早期対応，重大事態へも対応することが重要である。要は，「学校は，いじめられた児童生徒側に立って守りきる」という姿勢と強いメッセージを児童生徒，保護者，地域に発信していくことである。いじめ防止対策推進法第23条（いじめに対する措置）の5項には，「…いじめを受けた児童等の保護者といじめを行った児童等の保護者との間で争いが起きることのないよう，いじめの事案に係る情報をこれらの保護者と共有するための措置その他の必要な措置を講ずるものとする。」と示している。場合によっては，いじめられた児童等を非難し，いじめを行った児童等の保護者側が，我が子も学校から色眼鏡で見られている被害者であるとかばうような強い言動に出ることもある。「学校は，いじめられたお子さんを守りきる，もしも，あなたのお子さんが今度はいじめられたら守ります。」といった確固たる姿勢をもつことが重要である。

〈キーワード〉　いじめ防止対策推進法　いじめの定義　いじめの態様

4　生徒指導の今日的な問題行動等への対応②

(1) 不登校児童生徒への対応

　いじめ問題のほかに考えなければいけない生徒指導の対応として，不登校児童生徒の対応が挙げられる。不登校の対象となっている児童生徒は国の問題行動等の調査結果を見れば中学校では2001（平成13）年度までは，増加傾向となり，その後，数値は留まり，一旦下がったものの，再び増加傾向に転じている。2016（平成28）年度の調査結果では，小中学校の児童生徒数は減少傾向にあるにもかかわらず全国で13万人を超え，中学校では，生徒数の割合からいえば3％を超えている。これは，小学校の6倍強である。1学級に1人の不登校生徒が在籍する計算である。義務教育段階の学校の果たす重要な役割には，一人ひとりの児童生徒の個性の開花や社会性の育成，確かな学力の定着がある。不登校児童生徒に，このことを保証することは学校の重要な課題である。

　なお，「不登校」については，「問題行動等の調査」で実態把握を行っているが，問題として捉えるのではなく，課題として捉えることが重要である。

　国もこの重要な教育課題に対して，「不登校に関する調査研究協力者会議」を設置し，2016（平成28）年7月に最終報告が出された。その趣旨が，文部科学省からの同年9月14日付の各都道府県教育委員会教育長等宛てに発出された「不登校児童生徒への支援の在り方について（通知）」に盛り込まれている。通知には，様々な視点から不登校児童生徒への支援の在り方について示されている。不登校児童生徒への学力保障は大きな課題であるが，この時期の発達課題として考えられている「活動性」を獲得できないこともより重大な問題といえる。

　不登校児童生徒の対応として，重要なことは，「かかわり」を維持していくことである。そのためには，不登校児童生徒を支援するネットワークをつくることである。前述の最終報告では，児童生徒を支援するネットワークとして，切れ目のない支援としての学校間の接続に関する「縦」（幼稚園（保育所），小学校，中学校，高等学校，高等専門学校及び高等専修学校等での情報共有と組織的・計画的な支援）と「横」（学校，保護者，教育委員会，教育支援センター，医療機関，児童相談所，警察などの関係機関との連携，協働）の具体的な取り組みを示している。さらに，各学校の現状を踏まえ，具体的な対応策を講じていく必要がある。

（2）虐待問題への対応

　社会の変化は，家族の在り方や保護者（親）の教育観にも大きな影響を与えている。核家族化の進展，単親家庭の増加，保護者（親）の就業状況の有り様などは児童生徒の養育の在り方にも大きな影響を及ぼしている。このような現状の中で，虐待の問題は深刻である。虐待は，「身体的虐待」，「ネグレクト（養育放棄）」，「性的虐待」，「心理的虐待」の4内容あるが，2016年度の全国の児童相談所で扱った虐待対応の相談件数は1990年度から増加傾向にあり12万件を超えた。

　また，近年（2013年度から）の相談件数では，「心理的虐待」が「身体的虐待」を上回っている。児童生徒の心理的影響が心配されている。

　児童生徒の健全育成は，学校，家庭，地域が緊密な連携のもと，温かく見守っていくことが基本である。したがって，生徒指導上の問題行動の対応では，家庭との連携，協力は欠かせない。しかし，虐待の対応は，この連携，協力が難しい現実がある。虐待防止法の下，関係機関との連携，協力がより重要になってくる。

（3）暴力行為への対応

　2013（平成25）年度からの国の問題行動等の調査結果では，「学校の管理下・管理下以外における暴力行為発生件数の推移」で中学校，高等学校は減少傾向にある中で，小学校の増加傾向は留意しなくてはならない。調査における暴力行為は，「対教師暴力」「生徒間暴力」「対人暴力」「器物損壊」の4つである。この対応として，学校は児童生徒の規範意識を高める指導に力を注ぐ必要がある。

（4）その他の問題行動への対応

　児童生徒の自殺の防止，性に関する問題，薬物乱用防止への対応も重要な生徒指導上の課題である。これらの問題の背景には，様々な要素が複雑に絡んでいる。児童生徒の発達段階の心理的特徴を踏まえ，個に応じた対応をすることが重要である。保護者，関係機関との緊密な連携が不可欠である。

〈キーワード〉　不登校　虐待　児童相談所　規範意識

5 新たな時代の生徒指導の工夫と指導体制の整備

　これからの教育の在り方として,「社会に開かれた教育課程」(学習指導要領前文)の実現をめざすことが重要である。これは,教科等の指導だけではなく教育の重要な機能である生徒指導についても,情報化,国際化,少子高齢化などの社会の変化の教育への要請や問題行動等の適切な対応としても考えなければならない。前述の不登校対応を例にとれば,学校だけでは限界もあり,様々な機関や団体と連携を図り,個人情報の保護等は留意するものの社会に開かれた生徒指導を展開する必要がある。ここでは,その工夫と指導体制の整備についてふれていく。

(1)「内」に開かれた生徒指導
　不登校対応を円滑に効果的に進めるために校内に対応委員会を設置し,ケース会議を開いている学校は多い。名称は学校により様々であり,運営も異なっている。構成メンバーとして,生徒指導主事,学年主任,養護教諭,学級担任の他にスクールカウンセラー,関係教師を入れているのが一般的である。不登校の原因は様々である。たとえば,心因的なものによる不登校は,登校刺激のタイミングについても難しい現状がある。最近では,起立性調節障害による不登校生徒も存在する。医療の知識も必要である。保護者の考え方も踏まえる必要もある。このケース会議では,それぞれの学校における立場で方策を出し合い一定の方向性を決めていく。

(2)「外」に開かれた生徒指導
　2002(平成14)年3月国立教育政策研究所生徒指導研究センターから「問題行動等への地域における支援システムについて」の調査研究報告書が出されている。問題行動等への対応の指針として非常に参考になる。その中で,「情報連携」から「行動連携」へのシフト転換が読み取れる。そして,この「行動連携」の方策としてサポートチームを提示している。学校におけるサポートチームは,出席停止措置の対応として誕生したものである。しかし,この組織は,不登校,暴力,虐待などの対応についても有効である。元来,児童生徒の健全育成を図るためには,学校が関係機関等と緊密な連携,協働を図ることが大切であるが,情報だけの共有・連絡だけでなく,具体的な行動についての連携が求められてきた。関係

機関等が学校と協議し，自分たちでできる具体的な対応を進め，その成果を連絡しあい，さらに児童生徒とのかかわりをより一層広げ深めることで，児童生徒の望ましい成長が期待できる。学校においては，配慮を要する児童生徒の指導について関係機関等の意見を参考に教職員が協議し，情報共有と一定の指導の方向性を探る事例検討会議という方策がある。行動連携は，関係機関等が各機関の特性のもと，具体的に実際にかかわっていくことで事例検討会議をさらに発展した形であると考える。そして，この行動連携が真に子どもを社会や地域で育てるということに発展すると考えている。そして，この構成メンバーについてであるが，現在，地方公共団体の福祉関係で設置されている「要保護児童対策地域協議会」の方々は非常に参考となる（図8-4参照）。

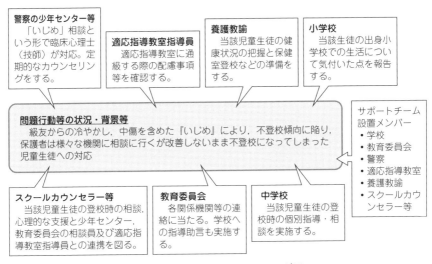

図8-4　サポートチームのイメージ図
出典：国立教育政策研究所生徒指導研究センター「問題行動等への地域における支援システムについて」（調査研究報告書）（2002年3月）を参考に作成。

〈キーワード〉　社会に開かれた教育課程　行動連携　サポートチーム
　　　　　　　要保護児童対策地域協議会

授業におけるアクティブ・ラーニング

1 討論のテーマの提示
① 情報化，国際化などの進展に伴う社会の中で，これからの児童生徒が身に付けなければならない資質・能力について具体例も入れてグループディスカッションで整理する。
② グループディスカッションによりインターネットを通じて行われる「いじめ」について問題点を整理するとともに，防止するためにどのような教育指導が必要かを考える。
③ 具体的ないじめ問題を挙げさせ，いじめ被害者の保護者，いじめ加害者の保護者，学級担任の３者でロールプレイを行い，その対応と対応上の留意すべきことを考える。

2 グループワークの課題
① 温かな学級づくりの視点から，学級内の人間関係を良好にする「構成的グループエンカウンター」のエクササイズ例を調べる。
② いじめの被害者にならないために，望ましい自己主張ができるようなアサーショントレーニングのプログラムを調べる。

3 調べ学習課題の提示
① 教育相談でも活用できるソーシャルスキルトレーニング等について提示し，その性格，役割，活用例について調べさせる。
② 健全育成の関係機関の性格や役割について調べさせる。
　家庭裁判所，児童相談所，保健所，児童養護施設，教育相談室，適応指導教室
　など
③ 自殺をほのめかす発言や相談を想定させ，教師としての対応について調べさせる。
④ 児童生徒の相談機関の性格や役割について調べさせる。

リマインド・振り返り

1 本章のまとめ（論点整理）
① 生徒指導は，教育目標を達成するための重要な機能である。十分な成果を出すためには，児童生徒理解を深めるとともに，児童生徒が生活している現状を的確に分析しておく必要がある。
② 今日的な生徒指導上の問題を解決するためには，地域，保護者との緊密な連携を図るとともに，学校を開いていく姿勢をもつことが重要である。
③ 今日的な生徒指導上の問題を解決するための方向性は，具体的なネットワーク化，「情報連携」から「行動連携」である。

2 発展的課題の提示
① 学級・ホームルーム経営と生徒指導の関係を考察する。
② 居住地の教育委員会が策定した「いじめ防止基本方針」を一読し，ポイントを整理する。
③ 児童生徒の健全育成にかかわる関係機関や関係団体の性格や役割を調べる。
④ 地方公共団体の教育委員会と福祉部の役割や性格と関係について調べる。

3 レポート課題の提示（宿題）
① 中央教育審議会答申や学習指導要領総則などを読み，新たな時代の教育の方向性についてまとめなさい。
② 新たな時代の教育の方向性や児童生徒の健全育成の今日的課題を踏まえ，これからの生徒指導の教育的意義について考察しなさい。
③ 今日的な生徒指導上の課題に対しての具体的な対応策について考えを述べなさい。

（美谷島正義）

第 8 章　参考文献

国立教育政策研究所生徒指導研究センター（2002）「問題行動等への地域における支援システムについて」調査研究報告書.

国立教育政策研究所生徒指導研究センター（2006）「生徒指導体制の在り方についての調査研究」報告書.

中央教育審議会答申「幼稚園，小学校，中学校，高等学校及び特別支援学校の学習指導要領等の改善及び必要な方策等について（答申）」2016年12月21日.

中央教育審議会「チームとしての学校の在り方と今後の改善方策について」（答申）2015年12月.

文部科学大臣決定「いじめ防止等のための基本的な方針」2018（平成25）年10月11日（最終改定　平成29年3月14日）

不登校に関する調査研究協力者会議「不登校児童生徒への支援に関する最終報告～一人一人の多様な課題に対応した切れ目のない組織的な支援の推進～」2016年7月.

文部科学省（2017）「小学校指導要領　平成29年3月」

文部科学省（2017）「中学校学習指導要領　平成29年3月」

文部科学省「コミュニティ・スクール（学校運営協議会制度）」
　　http://www.mext.go.jp/a_menu/shotou/community/

文部省（1988）「生徒指導資料第20集」

臨時教育審議会「教育改革に関する第4次答申（最終答申）」1987年8月7日.

第9章

進路指導・キャリア教育の基礎理解と学修の視点

――進路指導・キャリア教育の学修を進めるに当たって――

〔レディネス〕

1 自分の学校時代（小学校・中学校・高等学校）において，進路指導・キャリア教育としてどのような指導や学習が行われ，それらはどのような教育的意味があったかを振り返る。自分の進路選択や職業観・勤労観の形成にどのような影響を与えているかを整理しておく。
2 今日の児童生徒の進路の選択や価値観，職業，生き方についての考え方などについて，どのような傾向や課題が指摘されているかを整理しておく。
3 若者の就職や職業について関心をもち，現状や課題について，自分自身も含めて考えをまとめておく。

〔事前学修・活動〕

1 自分が経験したり，指導を受けたりした小学校・中学校・高等学校の進路指導（キャリア教育）について，校種ごとに3事例を挙げ，自分が感じたことや教育的意義，問題点等を一覧にして表にまとめる。
2 今日の子どもたちの進学，就職に対する考え方や問題点，若者たちの就業上の問題（ニートやフリータの増加）について，文部科学省や教育政策研究所などの統計資料や新聞記事などを収集し，進路指導の役割や意義，問題点について考察する。
3 進路指導（キャリア教育）を行うに当たって，教員が身に付けておかなければならない基本的な事項や配慮事項について自分の考えを箇条書きにしておく。
4 「進路指導」と「キャリア教育」の定義や目的，またその違いについて調べておく。

〔基本解説〕
1　本章の学修のねらい
　本章では，本講座の学修内容の概要を説明し，進路指導・キャリア教育の背景や全体像を把握するとともに，教職をめざす学生が，どのような態度や視点で，学修に臨んだらよいかを理解することをねらいとしている。
(1)学校における進路指導・キャリア教育の教育的意義を自分の体験から振り返るとともに，今日の子どもたちや若者の進路・職業に関する意識，指導の課題について幅広い視点から理解を図る。
(2)進路指導・キャリア教育について，基本となる考え方や理論，指導内容，指導方法等について概括し，学修の流れやポイントの理解を図る。

2　本章課題の背景，問題点
(1)学校における進路指導・キャリア教育の目的や教育的意義が正しく理解されずに，教育活動が行われてきた実態があると指摘されている。
(2)学習の目的に関する疑問や将来の進路・職業との関係が理解できない児童生徒がいたり，若者たちの無業者や早期離職の増加などの問題が生じている。
(3)進路指導・キャリア教育の理解が不十分であったり指導に不安のある教員がいる。

3　本章の到達目標
(1)進路指導・キャリア教育を自分の体験を踏まえながら，教育的意義や課題を考えることができる
(2)進路指導とキャリア教育の理念の共通点や違い，指導方法について理解し，実践における教員の基本的な考え方や態度なとが理解できる。

4　本章の学修の流れ
(1)進路指導・キャリア教育を自分の体験から振り返る
(2)進路指導・キャリア教育の教育的意義など基礎的な理解を図る。
(3)学校における進路指導・キャリア教育の実態や経緯から，今日の在り方を考える。
(4)進路指導・キャリア教育を行う教員の心構えや態度について理解する

5　実践的な活動（指導）との関連
(1)自分の体験した進路指導の成果や効果的な指導を今後の指導に生かす。
(2)進路指導・キャリア教育の活動例を収集し，その意義などを整理し，説明することができる。

1 進路指導・キャリア教育に関する学修内容と指導の視点

(1) 進路指導・キャリア教育の学修を進めるに当たって

　自分の小学校・中学校・高等学校における進路指導または，キャリア教育を振り返り，その教育活動の名称も含め，どのような指導や学習活動が行われ，その教育的意義について考えることは，進路指導・キャリア教育を学修・推進する上で，重要なことである。たとえば，卒業学年（小学校6年，中学校・高等学校3年）に行われた進学や就職指導（いわゆる「出口指導」）であったり，特別活動の学級活動・ホームルーム活動で年間を通しての進路学習であったり，また，総合的な学習の時間として生徒の進路に関するテーマに基づいた，学習活動や職場体験を行ったりしたなど，その活動は多様であり，児童生徒としての受け止め方にも違いがあることに気が付く。

　このように進路指導・キャリア教育が学校によって異なる学習活動となっている背景には，進路指導の歴史や教育課程上の位置づけ，学習指導要領上の取扱い，各学校や児童生徒の実態などの諸条件や環境の違いによるものである。

　教員として，進路指導・キャリア教育に全校体制で携わるに当たっては，現在の進路指導・キャリア教育の実施状況や社会の変化，子どもの進路や職業等に関する意識や実態などを踏まえたり，国として推進するキャリア教育のねらい，方法を十分に理解しておくことが重要である。

(2) 進路指導からキャリア教育への移行

① 学習指導要領上の位置付け

　平成29年3月に告示された中学校学習指導要領「第4　生徒の発達の支援　1　生徒の発達を支える指導の充実」の（3）において「<u>生徒が学ぶことと自己の将来とのつながりを見通しながら，社会的・職業的自立に向けて必要な基盤となる資質・能力を身に付けてて行くことができるよう，特別活動を要としつつ，各教科等の特質に応じて，キャリア教育の充実を図ること。</u>その中で，生徒自らの生き方を主体的に進路を選択することができるよう，学校教育全体を通じ，組織的かつ計画的な進路指導を行うこと。」（下線は，筆者）と示された。下線部は，今回の学習指導要領において新設された箇所を示しており，「キャリア教育の充実」

が初めて、学習指導要領に記載された。

しかし、後半の部分については、前回の学習指導要領の記載をほぼそのまま残し、「進路指導」の文言もそのままである。昭和32（1957）年中央教育審議会でそれまでの「職業指導」を「進路指導」として使用し、昭和33（1958）年学習指導要領以降、学校において使用されてきた「進路指導」は、今回の改訂で「キャリア教育」の学習活動にとして位置づけられることになった。

② 進路指導からキャリア教育への移行

「進路指導」から「キャリア教育」への移行について、中学校学習指導要領解説総則編において、「学校教育においては、キャリア教育の理念が浸透してきている一方で、これまで学校の教育活動全体で行うとされてきた意図が十分に理解されず、指導場面があいまいにされてしまい、また狭義の意味での「進路指導」と混同され、「働くこと」の現実や必要な資質・能力の育成につなげていく指導が軽視されていたりするのではないか、といった指摘もある。」と説明されている。

これまでの「進路指導」の実践上の課題を踏まえて、「キャリア教育」への移行について、教員としてその背景や趣旨を理解し、指導に当たって身に付けるべき知識や方法、また、配慮すべき事柄は何かを考えていく必要がある。

〈資料・データ〉
○これまでの進路指導の学習指導要領上の位置付け例（中学校学習指導要領平成20年3月告示）

> [道徳] 第2内容　4　主として集団や社会との関わりに関すること（5）勤労の尊さや意義を理解し……
> [総合的な学習の時間] 第2-2内容（5）「学習活動については……職業や自己の将来に関する学習活動などを行うこと」
> [特別活動]［学級活動］2　内容（3）学業と進路（ア　学ぶことと働くことの意義の理解、ウ　進路的性の吟味と進路情報の活用、エ　望ましい勤労観・職業観の形成、オ　主体的な進路の選択と将来設計）
> 「学校行事」2内容（5）勤労生産・奉仕的行事

2　進路指導の理念と性格

(1) 進路指導の定義

　進路指導の定義については，文部省（1983（昭和58）年）『進路指導の手引――高等学校ホームルーム担任編』によれば，「進路指導は，生徒の一人一人が，自分の将来の生き方への関心を深め，自分の能力・適性等の発見と開発に努め，進路の世界への知見を広く，かつ深いものとし，やがて自分の将来への展望をもち，進路の選択・計画をし，卒業後の生活によりよく適応し，社会的職業的自己実現を達成していくことに必要な生徒の自己指導能力の伸長を目指す，教師の計画的，組織的，継続的な指導・援助の過程」であるとなっている。

　この定義については，高等学校学習指導要領の総則においても，「生徒が自己の在り方生き方を考え，主体的に進路を選択できるよう，学校の教育活動全体を通じ計画的組織的な進路指導を行うこと」となっており，以降，このような定義に基づいて進路指導の意義や役割，内容を実施してきた。

(2) 進路指導の意義と役割

　進路指導の教育的意義や役割は，以下のように示されている。
① 進路指導は，生徒自らの生き方についての指導・援助である――生徒の社会における自己実現を図るための指導援助として，「生き方」「人生設計」「人生観」「職業観」「価値観」の形成を図っていく
② 進路指導は，個々の生徒の進路（職業的）発達を促進する教育活動である――それぞれの生徒の発達段階に応じた進路（職業的）発達を促進する
③ 進路指導は，一人一人の生徒を大切にし，その可能性を開花・伸長する教育活動である――一人一人の生徒の個性・能力，興味・関心，価値観，希望進路の実現への援助を行う
④ 進路指導は，生徒の入学当初から毎学年，組織的，計画的，継続的に行われる教育活動である――全教育活動で行う「生き方」の指導であり，小学校6年間・中学・高校の各3年間を通した教育活動であり，進級・卒業時の進学・就職指導に限定されない

　進路指導は，家庭，地域社会，関係機関との連携・協力が特に必要とされる教育活動である――家庭との連携・協力（進路に関する保護者会，家庭訪問，

面接), 関係機関との連携・協力 (地域の事業所, 公共団体, ハローワーク (職業安定所) における職業理解, 職場体験) などを行う。

（文部省　1976）

（3）進路指導の内容

進路指導の活動領域（内容）については, 文部省『進路指導の手引——中学校学級担任編（三訂版）』(1994) において, 下記のような6活動領域の考え方が示されており, これらについて具体的な教育活動を展開することとなっている。

表9-1　進路指導の6活動領域

1	生徒理解・自己理解	教師：生徒個人に関する諸資料を豊富に収集し一人一人の生徒の能力・適性を把握して, 進路指導に役立てる。 生徒：将来の進路との関連において自分自身を正しく理解させる活動を行う。
2	進路情報・資料の収集と活用	進路情報・資料を通して, 現実社会の実情を理解し, 自己理解と相互に関連しあいながら進路適性を吟味し, また, 職業的知見を身に付けることにより, 職業的視野を広げ, 望ましい勤労観や職業観, 望ましい将来の職業選択の可能性を見出す。
3	体験活動	生徒が直接に五感（自分の体）を通して, 実際に経験する諸活動
4	進路相談	個々の生徒の進路に関する問題や悩みなどの解決, 全生徒の自己理解, 情報理解の深化, それに伴う適切な進路の選択決定, 将来における自己実現への可能性の伸長など望ましい進路発達を援助する
5	就職・進学などへの指導援助	進路指導の成果を基盤として, 卒業学年の就職や進学先などを, 自らの意志と責任において, よりよく選択・決定させるため, 個別的・具体的・実際的な援助を行う
6	追指導	卒業後の新しい生活によりよく適応し, 進歩向上していくことができるように, 卒業後も, 一定の期間引き続き指導援助を行う

〈資料・データ〉

進路指導の定義：文部省（1961（昭和36）年）『進路指導の手引——学級担任編』
「生徒の個人資料, 啓発的経験及び相談を通して, 生徒みずから, 将来の進路を選択, 計画し, 就職又は進学してさらにその後の生活をよりよく適応し, 進歩する能力を伸長するように教師が, 組織的, 継続的に指導支援する過程である。」

3 進路指導上の課題の変遷

(1) 学校教育における進路学習・生き方学習の課題

　進路指導は，各校種において多様な教育活動として実施されてきたが，その過程において実施上の課題も見られるようになった。

　小学校においては，ア 教科・道徳・総合的な学習の時間・特別活動における学習のねらいや意義の理解が不十分なために計画的・系統的な生き方学習となっていない傾向がある，イ 中学校への進学の意義や児童の目標設定などの指導が不十分である傾向があること，が指摘されてきた。

　中学校においては，ア 進路学習の様々な活動の目標や関連性があいまいとなり，統合された成果に結びついていない傾向がある，イ 3年間を通した進路学習が，計画的に実施されず，進路選択（決定）が目的となっている傾向がある，等が指摘された。

　また，小・中学校共通の課題として，ア 教科の学習を含め，教育活動が生活と結びついていることを意識した意図的・計画的な指導となっていない傾向がある，イ 将来の職業選択，職業生活を含めた生活や社会の一員としての在り方など将来を展望した進路・生き方指導となっていない傾向がある，も挙げられた。

　特に，中学校・高等学校においては，学力（偏差値等）をもとにした，進学や就職等の相談が中心となった，いわゆる「出口指導」が中心となっていく傾向があった。

　このような課題の背景には，進路指導の趣旨を狭義に捉え，本来の目的である，将来の生き方やあり方につながる指導としての理解がなされていないこと，受験や就職などの進路の選択などの現実的な目的が優先されること，進路指導の教育課程上の位置付けがあいまいなことなども挙げられる。

(2) 社会的背景（要因）から求められる「キャリア教育」

　社会的には，進路選択や就職，就業に関する課題も顕著になってきた。若年層の無業者，失業者などのニート，フリーターの増加や若者層の早期転職・離職者の増加も社会問題化されるようになった（表9-2参照）。進学や就職をしてもすぐに，退学や転学をしたり，離職してしまう高校生や若者たちが多くなる傾向が見られる。

このような現象の背景には，地球規模の情報化や国際化が進む中で，日本の産業・職業界にも影響をもたらし，経済成長の低下，外国人労働者の雇用の増大によって，就職・就業に関する環境が大きく変わったことや，個人生活の重視や専門性の欠如など，若者の職業観，勤労観や職業人，社会人としての意識の希薄さ・未熟さなどの基礎的基本的な資質・能力の問題等もあるといわれている。社会の激しい変化に流されることなく，直面する様々な課題に柔軟かつ，たくましく対応し，社会人として自立し，社会的・職業的に自己実現を果たしていくための進路指導とはどのようにあるべきかが問われるようになった。

　このような社会的な背景や学校における進路指導の反省に立って，「進路選択・決定」にとどまらず，将来社会人，職業人として，時代の変化に力強く対応していけるような幅広い能力等をより積極的に育てる必要があるとして，キャリア教育の理念と活動の導入が図られるようになった。

〈資料・データ〉

(参考) 表9-2　「学校から社会への移行をめぐる現状」

	ア　卒業後進学も就職もしていない者の割合		イ　卒業3年後の離職率	
	高　校	大　学	高　校	大　学
平成2年3月卒業	5.2%	6.5%	45.1%	26.5%
平成15年3月卒業	10.3%	27.1%	49.3%	35.7%
	フリーター[※1]		ニート[※2]	
平成9年	151万人		42万人	
平成16年	214万人		64万人	

出典：厚生労働省「新規学校卒業就職者の就職離職状況調査結果」

※1 「フリーター（フリーアルバイター）」：「年齢15～34歳，卒業者であって，女性については未婚者」の内，① 現在就職しているものについては，勤め先における呼称が「アルバイト」または，「パート」である雇用者②現在無業者については，家事も通学もしておらず，「アルバイト・パート」の仕事を希望する人

※2 「ニート（NEET=Not in Education, Employment or Training)」＝若者無業者（年齢15～34歳。教育，雇用，職業訓練のいずれにも参加していない若者層）

4　キャリア教育の導入と捉え方

(1) キャリア教育の定義・ねらい

　キャリア教育の「キャリア」とは、「車道」や「行路、足跡」の意味であり、これが人の生涯にわたってたどる行路や足跡、経歴などを意味するようになり、広く「働くことのかかわりを通しての個人の体験のつながりとしての生き様」を指すようになったといわれている。このことが、さらに、「人が、生涯の中で様々な役割を果たす過程で、自らの役割の価値や自分と役割との関係を見出していく連なりや積み重ね」が、「キャリア」の意味するところとなった。

　キャリア教育の定義は、「一人一人の社会的・職業的自立に向け、必要な基盤となる能力や態度を育てることを通してキャリア発達を促す教育」である。「キャリア発達」とは、「社会の中で自分の役割を果たしながら、自分らしい生き方を実現していく過程」（中央教育審議会 2011）である。

　つまり、「キャリア教育」は、学校や職業選択にとどまらず、人生の様々なステージにおいてその人が、自己の目的や役割を果たせるように、能力や態度を育成することである。

(2) キャリア教育の特徴

　キャリア教育の特徴は、ア 生き方の一環としての職業について学ぶ教育、イ 主体的に進路を選択する能力や態度を育てる教育、ウ 体験的な学習やガイダンス、カウンセリング機能を重視する、エ 教科間の連携や家庭・地域との連携が求められる、オ 小学校から発達段階に応じて実施するなどが挙げられている。

　特に、小学校の早い段階から、教科の学習を通しながら生き方や職業について学ぶとともに、生涯にわたって必要とされる能力・態度を体験的に身に付けていくことであることから、全教員が全教育活動の中で取り組む教育活動であるといえる。

(3) キャリア教育の基本方向

　キャリア教育を進めるに当たっては、目標に応じた基本的な方針を理解しておくことが大切となる。

　たとえば、「働くことへの関心・意欲の高揚と学習意欲の向上を図る」ために

は，職業や進路などキャリアに関する学習と教科・科目の学習との関連性を重視して，教材や学習方法を工夫して，進路への関心・意欲を高めるとともに，今取り組んでいる学習の必要性や有用性がわかるように認識を高めること，「一人一人のキャリア発達への支援」については，子どもたちのキャリア発達の的確な把握を行い，キャリア・カウンセリングの機会の確保し，その質を向上させていくこと，「社会人・職業人としての資質・能力を高める指導の充実や自立意識の涵養と豊かな人間性の育成」には，働くことの意義についての総合的な理解の促進を図り，早期からの自立意識の涵養と豊かな人間性の育成をすること，などである。

（4）キャリア教育推進のための方策

具体的なキャリア教育の実施については，教育課程への位置づけとその工夫を行い，各発達段階に応じた「能力・態度」の育成を軸とした学習プログラムの開発が必要である。また，体験活動等（職場体験，インターンシップ，ボランティア活動，地域の職業調べ，幼・小・中・高・大の多様な学校間連携，上級学校調べ等）を多く活用することや社会や経済の仕組みについての現実的理解の促進等，多様で幅広い他者との人間関係の構築なども意図的に行うことなどが挙げられる。

キャリア教育では，社会や職業生活において必要な能力・態度を明確にして，その育成のためのプログラムを作成している（表9-3参照）。

〈資料・データ〉

表9-3　キャリア教育における「基礎的・汎用的能力」

◇人間関係形成・社会形成能力	◇自己理解・自己管理能力	◇課題対応能力	◇キャリアプランニング能力
多様な他者の考えや立場を理解し，相手の意見を聴いて自分の考えを正確に伝えることができるとともに，自分の置かれている状況を受け止め，役割を果たしつつ他者と協力・協働して社会に参画し，今後の社会を積極的に形成することができる力	自分が「できること」「意義を感じること」「したいこと」について，社会との相互関係を保ちつつ，今後の自分自身の可能性を含めた肯定的な理解に基づき主体的に行動すると同時に，自らの思考や感情を律し，かつ，今後の成長のために進んで学ぼうとする力	仕事をする上での様々な課題を発見・分析し，適切な計画を立ててその課題を処理し，解決することができる力	「働くこと」を担う意義を理解し，自らが果たすべき様々な立場や役割との関連を踏まえて「働くこと」を位置付け，多様な生き方に関する様々な情報を適切に取捨選択・活用しながら，自ら主体的に判断してキャリアを形成していく力
具体的な要素（例）	具体的な要素（例）	具体的な要素（例）	具体的な要素（例）
他者の個性を理解する力，他者に働きかける力，コミュニケーション・スキル，チームワーク，リーダーシップなど	自己の役割の理解，前向きに考える力，自己の動機付け，忍耐力，ストレスマネジメント，主体的行動など	情報の理解・選択・処理等，本質の理解，原因の追究，課題発見，計画立案，実行力，評価・改善など	学ぶこと・働くことの意義や役割の理解，多様性の理解，将来設計，選択，行動と改善など

出典：中央教育審議会（2010）

5 キャリア教育を推進する教員としての自覚と責任

(1) キャリア教育を推進する教員の役割

　キャリア教育は全教育課程において実施されるが,「キャリア教育を効果的に展開していくためには,特別活動の学級活動(ホームルーム活動)を要としながら,総合的な学習の時間や学校行事,道徳科や各教科における学習,個別指導としての教育相談等の機会を生かしつつ,教育活動全体を通じて必要な資質・能力の育成を図っていく取り組みが重要になる。」(中学校学習指導要領解説総則編,平成29年)とされ,また,学級活動の内容には,「(3) 一人一人のキャリア形成と自己実現」が新設された(同学習指導要領)。

　キャリア教育を展開していくためには,すべての教員が自分の担当する教科や総合的な学習の時間等において,生徒のキャリア形成にかかわる観点から意図的・計画的に授業の工夫を行うことが求められる。その中でも,特に学級担任(ホームルーム担任)については,学級活動(ホームルーム活動)においては,児童生徒のキャリア形成をねらいとする活動の充実を図るように取り組むとともに,道徳科の授業,学校行事への指導,教育相談についてのかかわりをもつなど,重要な役割を担うことになる。

(2) キャリア教育を推進するための教員の資質・能力

　キャリア教育は,社会的な変化を背景に,これまで行われてきた進路指導の課題を改善するものとして,学校教育に位置づけられた。これまで,行われてきた進路指導の理念や指導内容については,キャリア教育の理念に通じるものがあったにもかかわらず,狭義の進路指導として「出口指導」を目的にするかのような活動となった経過がある。その問題点として,「学校及び教員が,正しく進路指導の目的や活動の趣旨を理解していなかったこと」「卒業期における進路選択,受験対策の必要性,進路保障などの目前の課題が重視され,年間を通した計画的に実施されてこなかったこと」「進路先や社会における子どもたちの生活や自己実現の状況を踏まえての進路指導の評価やそれに伴う改善が図られてこなかったこと」などが指摘されている。

　このような進路指導における問題は,キャリア教育についても同様の課題として生じることが懸念される。進路指導における反省点を踏まえてキャリア教育の

充実を図るためには，指導に当たる教員がキャリア教育が導入された経緯やねらいを十分に理解するとともに，文部科学省・教育委員会をはじめとして，子どもの発達課題を踏まえて作成されている学習プログラムや展開例などを参考に自校におけるキャリア教育を創り上げることが必要である。

(3)「チーム学校」としてのキャリア教育の推進

　キャリア教育は，児童生徒に将来の生活や社会，職業などとの関連を意識させる学習である。その実施に当たっては，職場体験活動や社会人講話などの機会を確保するとともに，幅広い地域住民等（キャリア教育や学校との連携をコーディネートする専門人材，高齢者，若者，PTA，青少年団体，企業・NPO等）との連携が必要である。学校内における教職員の連携とともに，「社会に開かれた教育課程」としてキャリア教育を推進していくことが，児童生徒のキャリア形成を促進させ，社会において自己のよさを発揮した自己実現を図ることができる人間の育成を図ることができる。校内・校外における「チーム学校」としてキャリア教育に取り組むことが求められる。

〈資料・データ〉

○文部科学省「小学校（中学校・高等学校）キャリア教育の手引き」
　　　　　　　　　　　　　　　　　　　　　（平成23年5月・平成24年4月）
第1章　キャリア教育とは何か
・「職業観・勤労観を育む学習プログラムの枠組み（例）」
（国立教育政策研究所「児童生徒の職業観・勤労観を育む教育の推進について」）
第2章　キャリア教育推進のために
・全体計画・年間計画の作成
第3章　キャリア教育の実践
・各教科等における取組
○東京都教育委員会「キャリア教育啓発資料」
・望ましい勤労観・職業観の育成1～3　（平成28年6月）

授業におけるアクティブ・ラーニング

1　討論・ディベートのテーマ提示
① なぜ，ニートやフリーターが生まれるのか。〈討論〉
②「学校の進路指導は必要」VS「役に立たない」〈ディベート〉
　　※自分の経験をもとにして，自分の進路決定に学校や担任の先生の指導は，役に立ったのかを議論する。また，学校以外の相談やアドバイスによって，自己の進路を決めてきた例などから立場を明らかにして討論を行う。

2　グループワークの課題
① 自分の受けてきた進路指導・キャリア教育の実態と課題（KJ法）
　　※自分の受けてきた進路指導また，キャリア教育を10項目挙げて，内容の整理を行い，進路指導の内容や，教育的意義を考える。
② 進路指導を行う上で必要とされる教師の資質・能力とは何か。（KJ法）

3　調べ学習課題の提示
○小学校・中学校・高等学校における職場体験の実施状況
　　※各校種の学校において，どのような職場体験を行っているか。校種や地区による特色・違いなどについて整理する。

4　体験学習の紹介
① ハローワーク（職業紹介所）の見学
② 学生の職業観・勤労観に関するアンケート調査の作成・実施
③ 中学生・高校生・社会人などステージの異なる卒業生を複数人招き，将来の生き方や現在の在り方を意見交換する。（パネルディスカッション）

5　ロールプレイング・場面指導の課題
例：進路選択に悩む生徒への指導場面（三者面談の実際）
　　※生徒・担任・保護者の役割を決めて役割を演じ，それぞれの立場の理解や生徒のための進路相談・面談の在り方を考える。

リマインド・振り返り

1　本章のまとめ（論点整理）
① 進路指導は，児童生徒自らが生き方や在り方を考え，将来の進路の選択を行うことを指導・援助する教育活動として実施されてきたが，いわゆる「出口指導」として進学や就職指導に偏る傾向が課題となってきた。学校卒業後の社会的役割や自己実現を果たすために必要な能力の育成を図ることを明確にしたキャリア教育が推進されることとなった。
② 進路指導とキャリア教育の理念の違いや指導方法について理解し，キャリア教育を推進する教員としての基本的な考え方や態度などを身に付けることが求められている。

2　発展的課題の提示
○「あなたの専門とする教科において，基礎的・汎用的能力を育成しようとする場合，どのような授業の工夫を行いますか。能力を一つ挙げて，授業計画や展開の例を作成しなさい。」

3　レポート課題の提示
①「進路指導とキャリア教育の相違点と共通点についてまとめなさい。」
②「生徒の主体的な進路選択や生き方を考えさせることをねらいとするとき，あなたは進路指導やキャリア教育においてどのような点を重視したり，配慮したりしますか。」

4　リアクションペーパーの課題例（授業時の提出課題）
① これまでの進路指導における課題とその原因を挙げなさい。
② キャリア教育の目的をわかりやすく（自分の言葉で）説明しなさい。
③ 職場体験を含む体験的な学習としてどのような活動が効果的だと考えるか。具体例を挙げなさい。

（和田　孝）

第9章　参考文献

厚生労働省「新規学校卒業就職者の就職離職状況調査結果」

中央教育審議会（2010）「今後の学校におけるキャリア教育・職業教育の在り方について」（第2次審議経過報告）平成22年5月17日．

中央教育審議会（2011）「今後の学校におけるキャリア教育・職業教育の在り方について（答申）」平成23年1月．

文部省（1976）『中学校・高等学校進路指導の手引——中学校学級担任編』日本進路指導協会．

文部省（1994）『中学校・高等学校進路指導の手引——中学校学級担任編（三訂版）』日本進路指導協会．

第10章

進路指導・キャリア教育の理念と基礎理論

〔レディネス〕

1　日本におけるキャリア教育の政策展開について把握し，特にキャリア教育の定義とその意義を理解している。
2　小・中・高等学校における特別活動（学級・ホームルーム活動，児童会・生徒会活動，学校行事，クラブ活動）の目標と内容を理解している。
3　人間の発達に関する心理学を理解している。
4　「職業」とは何かについて，理解している。

〔事前活動〕

1　キャリア教育の歴史（戦前・戦後）について調べてみよう。
2　学級・ホームルーム活動や学校行事の中で進路指導・キャリア教育がどのように位置付けられているか確認しておこう。
3　ハヴィガースト，ピアジェ，エリクソンなどの発達段階論について調べてみよう。
4　インターネットで日本標準職業分類（総務省のウェブサイト内に掲載）にアクセスし，「職業」の定義を確認しておこう。

〔事前学修のための参考文献〕
1　文部科学省（2011）『中学校　キャリア教育の手引き』教育出版。
2　文部科学省（2017）『中学校学習指導要領解説　特別活動編』。
※中学校を例示しましたが，必要に応じて小学校あるいは高等学校のものを選択してください。いずれも文部科学省のホームページからアクセスできます。
3　永江誠司（2013）『キーワード　教育心理学』北大路書房。
4　梅澤正（2008）『職業とは何か』講談社。

〔基本解説〕
1 **本章の学修のねらい**

　進路指導・キャリア教育に関する代表的な5つの理論について理解し、それを学校教育にどのように応用していくか学習する。

2 **本章課題の背景**

　19世紀、産業革命とそれに伴う人口移動に伴って、個人が職業を選択する社会が成立した。職業選択は人生の基本的方向性を決めるとともに、公共の利益の実現にも影響を与える。ゆえに、何のために、どうやって進路指導をするかが重要な問題となる。当初、「個人と社会のどちらを優先するか」をめぐって論争が生じたが、次第に階級や人種に基づく職業配分を是正し、能力に合致した仕事につけるようにすれば社会が豊かになると考えられようになった。そして、個人と職業との関係を興味・適性・価値観などで説明することが試みられた。

　しかし、20世紀における生産の自動化により、労働の形態と範囲は不明確になり、さらにグローバル化によって多くの雇用が不安定になっていった。一方で宗教、政党、労働組合といった制度の機能が弱まり、ライフコースの枠組みを提供できなくなった。このような先の見えない時代、個人は自分自身で人生を意味づけ、戦略的にキャリアを構築しなければならない。

3 **本章の到達目標**

　進路指導・キャリア教育の理論を踏まえて科学的根拠に基づいたエビデンス・ベースドの実践を展開できる。

4 **本章の学習の流れ**

			(1)理論が誕生した背景	(2)理論の概要	(3)理論の実践への応用
個人と職業のマッチング・パラダイム	第1節	特性・因子論			
	第2節	職業的パーソナリティ理論			
個人による主体的キャリア形成のパラダイム	第3節	キャリア発達理論			
	第4節	キャリア自己効力感			
	第5節	プランド・ハプスタンス理論			

5 **実践的な活動（指導）との関連**

　これまで自分自身が体験した進路指導・キャリア教育において理論がどのように応用されていたか振り返るとともに、新たな活用の可能性を展望してみよう。

1 パーソンズの特性・因子論

(1) 理論が生まれた背景
 1908年，パーソンズ（Parsons, F.）は，労働環境が急速に悪化しつつあったボストンに職業案内所を開設し，世界で初めて職業指導を開始した。その中で，若者が適職に就けない要因は技能不足ではなく，場当たり的な職業選択にあることに気づき，著書『職業の選択』（*Choosing a Vocation*, 1909）で特性・因子論を提唱した。

(2) 理論の概要
 特性・因子論は，人間には能力・適性等において特徴があり（特性），一方で職業もそれを遂行するのに特有の条件を要求するため（因子），両者をうまく適合させることが望ましいキャリア形成につながるという理論である。パーソンズが「丸い釘は丸い穴に」と述べているように，個人と職業（環境）の適合を重視しており，「マッチング理論」と呼ばれることもある。合理的なマッチングを達成するポイントとして，以下の３つが挙げられる。
 ① 自分自身（適性，能力，興味，希望，強み，弱み，およびこれらの原因）についてよく理解すること。
 ② 職業に付随する様々な情報（仕事の要件，成功条件，長所と短所，報酬，就職できるチャンス，将来性）を獲得すること。
 ③ 上記の２グループの関係について，正しい推論を行うこと。

(3) 進路指導・キャリア教育への応用
 特性・因子論は職業選択のみならず，学校を含めた様々な環境の選択に応用可能である。日本では，① 自己理解，② 進路情報理解，③ 啓発的経験，④ 進路相談，⑤ 進路決定支援，⑥ 卒業後の追指導という，いわゆる進路指導の６領域として体系化されてきた。これは，個人と職業・学校との認知的マッチングを啓発的経験（体験による発見），進路相談（話すことによる発見），進路決定支援（出口指導）で補完するというものである。
 就職におけるミスマッチングや不本意入学を避けるためにも，自己理解と進路情報理解は依然として重要である。たとえば，中学生の約７割，高校生の約４割

(図10-1)，大学生の約3割が3年以内に，卒業後に就いた仕事を辞めている。理由は様々であろうが，35歳未満の若者を対象とする2013年調査では，労働条件（29.2％），人間関係（22.7％）に次いで，「仕事内容が合わない」が第3位（21.8％）となっており，さらに1年以内の離職者に限ると第1位（35.8％）である。転職を必ずしも否定的に捉えるべきでないが，職業能力が十分に身に付いていない状況での早期離職は，キャリアを不安定にするリスクを伴う。

一方で，特性・因子論は，個人の成長や社会の変化にあまり焦点を当てていないという点で，限界も指摘される。職業適性など人間の特性を科学的に測定するのは容易ではなく，仮に部分的に測定できたとしても，時間とともに変化する可能性がある。特に心理検査などを利用する場合には，その結果を固定的に捉えず，児童・生徒の成長につがなるような形で，自己理解を促していくことが求められる。また，進路情報理解についても，現状に目を向けるだけでなく，これからの社会を予測・展望する視点が必要であろう。日本の労働人口の約49％がAIで代替可能との試算もある中，既存の職業を知るだけでなく，人間にしかできない仕事にはどのようなものがあるか考えていかなければならない。

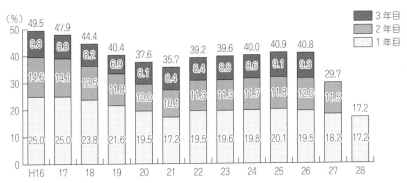

図10-1　高等学校における新規学卒就職者の就職後3年以内離職率の推移

出典：厚生労働省「新規学卒者の離職状況」
http://www.mhlw.go.jp/stf/seisakunitsuite/bunya/0000137940.html

〈キーワード〉　特性　因子　マッチング　進路指導の6領域　早期離職

2　ホランドの職業的パーソナリティ理論

（1）理論が生まれた背景
　ホランド（Holland, J. L.）は，第2次世界大戦中に兵士を適材適所に配置する仕事に従事した。多数の兵士の職業経歴書を分析する中で，個人と職業とのマッチングに一定のパターンがあることに気付いた。戦後，その規則性は6つのタイプに分類できるという仮説を立て，研究によって実証した。

（2）理論の概要
　ホランドは，「人」と「環境」が相互作用しながら，その人特有のパーソナリティ（人格）が発達すると考えた。すなわち，個人がどのようなことに興味を抱くかは，それまでの人生で個人が経験してきたことによって決まる。特に，職業的パーソナリティについては，以下の6つに分類される。
　① 現実的（Realistic）：機械や物を対象とする具体的活動への興味
　② 研究的（Investigative）：研究や調査のような活動への興味
　③ 芸術的（Artistic）：音楽，美術，文学など創造的活動への興味
　④ 社会的（Social）：人に接したり奉仕したりする活動への興味
　⑤ 企業的（Enterprising）：企画したり組織を動かしたりする活動への興味
　⑥ 慣習的（Conventional）：定まった方式や規則に従って行う活動への興味
　これらのパーソナリティ・タイプは，頭文字をとってRIASEC（リアセック）と呼ばれるが，職業の特徴についても同様にこの6つに分類される。あるタイプの人は，同じタイプの職業を選択することによって，職業満足，キャリアの安定，優れた業績などを得られるというのがホランドの理論である。また，6つのタイプを正六角形の頂点に配置すると（図10-2），対角線で結ばれるタイプ同士は相反する関係，隣合っており辺で結ばれるタイプ同士は親和性の高い傾向にある。

（3）進路指導・キャリア教育への応用
　2012年の「キャリア教育・進路指導に関する総合的実態調査」では，小学校6年生の19.8％，中学生の33.2％，高校3年生の16.3％が「将来つきたい職業が決まっていない」と回答している。進路選択・決定のためには，最終的に職業興味は収斂される必要があるが，一方でその前段階として職業興味を拡げることもキ

ャリア教育の重要な役割である。特に小・中学校段階では，つきたい仕事があっても現実的でないケースも多く（図10-3），むしろ好奇心をもち，自分が興味をもてそうな職業がたくさんあることに気付くことが望ましい。

その点で，特別活動（学級・ホームルーム活動，児童会・生徒会活動，学校行事，クラブ活動）を通した日常の生活づくりは，職業社会とも密接につながっており，RIASECを意識して集団の中で役割を果たすことは，「自分はどんな仕事なら前向きに取り組めるのか」を考える貴重な機会となる。なかでも係活動の意義は大きく，児童生徒が様々な係を経験し，やりがいや楽しさを実感することは，職業に対する視野を拡大することにつながる。

なお，生徒の職業興味（RIASEC）は，「職業レディネス・テスト」などによって測定することができるが，検査結果によって進路を短絡的に限定することは避けるべきである。職業的パーソナリティは発達する（職業興味は変化する）ものであることを考えると，将来の可能性を拡げる方向性で活用することが望ましい。職場体験の事前学習として利用するのも効果的である。

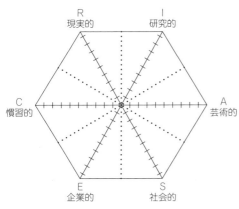

図10-2　ホランドの六角形モデル
出典：労働政策研究・研修機構（2006）

表10-1　新小学1年生がつきたい職業

性	順位	2018年　職業名（割合）
男子	1位	スポーツ選手（20.5%）
	2位	警察官（12.5%）
	3位	消防・レスキュー隊（7.8%）
女子	1位	ケーキ屋・パン屋（29.1%）
	2位	芸能人・歌手・モデル（9.3%）
	3位	看護師（6.8%）

出典：http://www.kuraray.co.jp/

〈キーワード〉　職業的パーソナリティ　RIASEC　職業興味　係活動

3　スーパーのキャリア発達理論

(1) 理論が生まれた背景

スーパー(Super, D. E.)は，一時点における職業選択ではなく，職業を選択する人間の発達過程に着目し，自己概念（価値・興味などの自分像）を具現化するプロセスこそが職業的発達であると考えた。さらに晩年には，職業生活に対して，それ以外の多様な役割が影響を与えていることを踏まえ，キャリアの概念を「ワーク」から「ライフ」へと拡大した。

(2) 理論の概要

スーパーは，人が生まれてから死ぬまでの人生を「役割」（ライフ・スペース）と「時間」（ライフ・スパン）の2つの軸で捉えている（図10-4）。まず役割軸に関しては，多くの人に共通する役割として，「子ども」「学ぶ人」「余暇人」「市民」「労働者」「家庭人」「その他」の7つが挙げられる。これらの役割は重複可能であり，相互に影響を及ぼす。次に時間軸については，「成長」「探索」「確立」「維持」「解放」の5つの発達段階に区分され，各段階の発達課題を達成することで，次のステージに移行していく。

各段階において役割にかける時間とエネルギーの平均的な消費量が示したのが，ライフ・キャリアレインボーであるが，実際の消費量は各個人の自己概念によって決まる。自己概念は，個人的決定因と状況（環境）的決定因の相互作用によって形成されるもので，それに従って一人一人が自分に固有のレインボーを展開していくプロセスこそがキャリア発達である。

(3) 進路指導・キャリア教育への応用

日本のキャリア教育は，キャリア発達を「社会の中で自分の役割を果たしながら，自分らしい生き方を実現していく過程」と定義し，その促進を目的に掲げている。キャリア発達のためには，自分が果たしてきた役割の連鎖を振り返り，勤労観・職業観（日常の役割・職業に関する自己概念）を明確にする必要がある。特に，「何をやりたいのか」や「何ができるのか」だけでなく，「何をやっている自分なら社会に役立っていると実感できるか」を考えるべきである。過去の経験を意味づけることによってこそ，その延長線上にある未来を展望できる。

また，指導・支援にあたっては，キャリア発達段階を意識する必要がある。たとえば，「進路探索・選択にかかる基盤形成の時期」である小学校においては，「スポーツ選手になりたい」という夢があるのは望ましいことである。しかし，「現実的探索と暫定的選択の時期」である中学校では，その夢をもう少しリアルに掘り下げることが求められるし，「現実的探索・試行と社会的移行準備の時期」である高等学校では，「どのくらいの確率でなれるのか」「そのために，今どのような努力をしているのか」といったことが問われてくる。

　さらに，スーパーのキャリア発達理論はワークライフバランスの重要性も示唆しているが，一方で「アメリカの白人男性」をモデルにしているとの批判もある。現代においてはジェンダーや多様性などの文脈に配慮しつつ，子どもたち1人1人にとって豊かなキャリアの実現を支援していかなければならない。

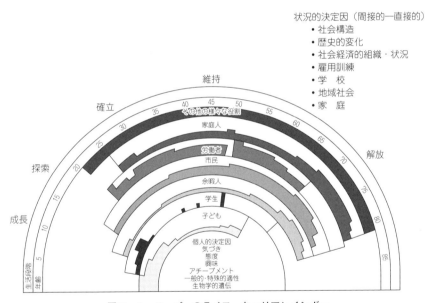

図10-4　スーパーのライフ・キャリアレインボー

出典：文部科学省（2011）。

〈キーワード〉　キャリア発達　自己概念　勤労観・職業観　発達段階

第10章　進路指導・キャリア教育の理念と基礎理論　　157

4　バンデューラのキャリア自己効力感

(1) 理論が生まれた背景
　バンデューラ (Bamdura, A.) は，学習は単に直接経験だけによるものではなく，観察によってもなされていることを風船人形の実験を通して明らかにし，社会的学習理論を提唱した。また，学習における認知的要因としての予期に着目して自己効力感を概念化しており，後にキャリアの領域に取り入れられた。

(2) 理論の概要
　「自己効力感」とは，自分が適切な行動をうまくとることができるという自信である。また，進学，職業，趣味，余暇など生き方にかかわる自己効力感を「キャリア自己効力感」という。たとえば，教員になることに憧れており，その能力が十分に備わっていたとしても，本人がそれを自覚しておらず，教壇に立って授業をする自信がなければ，教員になることを断念してしまうであろう。逆に，能力が不十分であったとしても，何とかなるだろうという自信があれば，チャレンジすることで少しずつ能力を向上させ，夢を実現できる可能性がある。バンデューラは，4つの情報源によって自己効力感を高められるとしている。
　① 個人的達成：自分で挑戦してやり遂げたという経験
　② 代理学習：他の人の達成を見たり，聞いたりする
　③ 言語的説得：認められる，励まされる，評価される
　④ 情緒的覚醒：落ち着いた穏やかな心と身体
　特に進学や就職といった未知の状況に対処する際，人は過剰に不安になる傾向があるので，自己効力感を高めて，人生の可能性を拡げることが求められる。

(3) 進路指導・キャリア教育への応用
　ここでは，自己効力感を高める手段として，代理学習（モデリング）に着目したい。2012年の「キャリア教育・進路指導に関する総合的実態調査」によると，「卒業生体験発表会」は高いニーズがあるにもかかわらず，約30％の中学校でしか実施されていない。しかし，生徒は自分と比較的年齢の近い「先輩」のキャリアに触れることで，進学に限らず進路選択に役立つ多様な情報を得たいと考えている（図10-5）。2012年にリクルートが行った「高校生と保護者の進路に関する意

識調査」では，高校生の約7割が「目指している人やあこがれている人がいない」と回答しているといるが，生徒にとって，先輩は自分たちと同じような経験をしているために，ロール・モデルになりやすい。タテの関係（先生）やヨコの関係（同級生）でもない，ナナメの関係である先輩と語り合い，互いに共感することで，キャリア自己効力感を高めることができる。

効果的な発表会にするためには，いくつかポイントがある。第一に，体験発表する卒業生を選択する際に，あらかじめ生徒集団の特性やニーズを調査することである。第二に，発表する卒業生と生徒との年齢差（在学期間の重なり）に留意することが望ましい。第三に，進路の異なる複数の卒業生に依頼し，様々なキャリア・パターンに触れる機会を確保する必要がある。第四に，事前学習と事後学習を徹底することで，限られた時間の発表会を充実させられる。

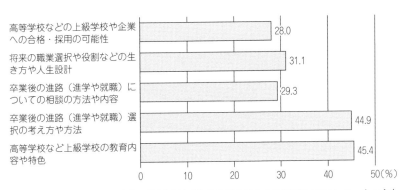

図10-5　卒業生体験発表会の希望者が「進路を考えるために指導してほしかったこと」
出典：国立教育政策研究所生徒指導・進路指導研究センター（2016）

〈キーワード〉　社会的学習理論　自己効力感　代理学習　ロール・モデル

5　クランボルツのプランド・ハプンスタンス理論

(1) 理論が生まれた背景

　クランボルツ（Krumboltz, J. D.）は到達目標を設定して，課題に接近できるように学習を進める社会的学習理論を重視してきた。しかし，彼が心理学を専攻した経緯は，テニスのコーチがたまたま心理学の教授だったという偶然によるものであった。このような事例が多数存在することに気付き，晩年には偶発的な出来事を活用してキャリア形成することの意義を強調するようになった。

(2) 理論の概要

　社会の変化が激しく先を見通すことが難しい現代社会では，キャリアの目標を立て，その達成に向けて計画的に行動することが難しくなっている。実際，人生はかなりの部分が偶然の出来事に左右されており，成功した人は様々な幸運に恵まれている。しかし，それは単なる「偶然」ではなく，予期せぬ出来事をチャンスにする行動をとっていることをクランボルツは明らかにした。一方で，「棚から落ちてくるぼたもち」に気付かず，受け止めることができない人も少なくない。クランボルツは，キャリアビジョン（ありたい自分）を明確化にし，小さな変化に注意を向けて行動することで偶然をキャッチする確率を高めることができるとしており，以下の5つのスキルの重要性を指摘している。
　① 好奇心：新しい学習機会を探索する
　② 持続性：障害があったとしても努力し続ける
　③ 柔軟性：態度や状況を変える
　④ 楽観性：新しい機会を可能で達成できるものと考える
　⑤ 冒険心：不確かな結果にもかかわらず行動を起こす（リスク・テイキング）
　偶然がキャリアビジョンの達成につながったとき，それはまさに自分と出会うために「計画されていた偶然」（プランド・ハプンスタンス）である。

(3) 進路指導・キャリア教育への応用

　将来の夢や目標が見つからず学習意欲がわかない児童生徒の中には，「本当にやりたいことが見つかったら，そのときはすぐにでも真剣に勉強に取り組む」と思っている者もいるかもしれない。しかし，目標はどこからともなく出現して，

発見されるものではない。どんな授業や活動に対しても自ら積極的に取り組むことで、徐々に作り出されていくものである。

「遊び」の要素を備えている特別活動は、そのきっかけづくりとして有効であり、偶然を活かすための5つのスキルを高める可能性をもっている。学校行事の例で考えると（図10-6）、子どもたちは自らの興味関心を踏まえて活動内容を考案し、その実現に困難があったとしても、互いに協力して粘り強く取り組む。学校という「小さな社会」での活動であるがゆえに、楽しみながら、安心してチャレンジすることができ、ときには失敗を認め、柔軟に新たな方策を検討する。ただし、特別活動をこのように機能させるに、子どもの広範な自治を認め、信じて可能な限り任せること、さらに困ったときには誰か（他の子どもや教員）が助けてくれるという信頼感・安心感が醸成されていることが条件である。

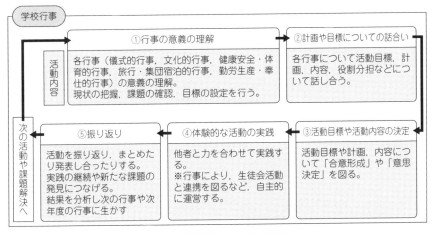

図10-6　学校行事における学習過程（例）
出典：文部科学省『中学校学習指導要領解説　特別活動編』平成29年7月

〈キーワード〉　計画されていた偶然　キャリア・ビジョン　特別活動

授業におけるアクティブ・ラーニング

1　討論・ディベートのテーマの提示
　本章で紹介した5つの理論には，それぞれ長所と短所がある。実践を念頭におきながら理論を比較することで，それらを明らかにしてみよう。

2　グループワークの議題
① 「両親との関わり」「学び」「余暇」「地域活動」「労働」「家庭」「その他」の7つの役割に対して，現在どのくらいの時間やエネルギーを傾けているか，その割合（合計100％）を考えてみよう。また，それが5年後（あるいは10年後）にどのように変化しているか，予測してみよう。

② 具体的な校種・学年を設定し，キャリア自己効力感を高めるための「卒業生体験発表会」の企画書を作成してみよう。

③ これまでの人生で印象に残っている偶然の出来事を3つ思い出し，その前後に自分がとった行動を書き出してみよう。

3　調べ学習課題の提示
① 「ハローワークインターネットサービス」にアクセスし，「職業解説」のページで興味のある職業について調べ，その「因子」が何か考えてみよう。

② 係活動，委員会活動，学校行事における役割をホランドコード（RIASEC）で分類し，職業とのつながりを考えてみよう。

4　体験学習の紹介
　大学のキャリアセンターやハローワーク（公共職業安定所）を訪問してキャリア・カウンセラー（キャリア・コンサルタント）にインタビューを行い，5つの理論が進路指導・キャリア教育の実践にどう応用されているか知ろう。

5　ロールプレイングの課題
　以下の事例について，5つの理論を活用して，どのように進路相談を行うか，ロールプレイをしてみよう。

事例：Aさんは高校2年生，そろそろ自分の進路を決めないといけない。デザインに興味があるため，専門学校への進学を希望している。しかし，両親は大反対。デザイナーとして生計を立てるのは難しいし，専門学校の学費も準備できないので，実家の飲食店を手伝ってほしいと言われた。友達に相談したところ，看護師が堅実でよいと勧められたので，両親に相談してみたが，やはり家計が苦しいので飲食店を手伝ってほしいとのことだった。「お金がかからなくて，自分に適していて，家計を手助けできる職業」はないものだろうか，と悩んでいる。

リマインド・振り返り

1　本章のまとめ（論点整理）
① 特性・因子論は，個人の特性と職業の因子について慎重に吟味し，両者を適切にマッチングすることで，早期離職の防止が期待できる。② 職業的パーソナリティ理論は，職業興味が6つ（RIASEC）に分類されることを明らかにしており，これを意識して役割活動を行うことで進路の選択肢を拡大できる。③ キャリア発達理論は，自己概念が時間軸に沿って展開される役割の連鎖を構築することを示しており，発達段階に合致した職業観・勤労観や能力を育むことが重要である。④ キャリア自己効力感は，個人的達成だけでなく代理学習でも高められることから，先輩をロール・モデルにすることで人生の可能性を拡げられる。⑤ プランド・ハプンスタンス理論は，予期せぬ出来事をチャンスにするために，目標に過度に固執せず多様な活動に主体的に取り組む意義を示唆している。

2　発展的課題の提示
① ホランド，スーパー，バンデューラ，クランボルツについては，原書が翻訳されているので，それらを読むことでさらに理解を深めよう。参考文献に挙げたもの以外は，以下の通りである。
- スーパー，D. E., 日本職業指導学会訳（1960）『職業生活の心理学――職業経歴と職業的発達』誠信書房.
- バンデューラ，A., 原野広太郎・福島脩美訳（1975）『モデリングの心理学――観察学習の理論と方法』金子書房.

② 進路指導・キャリア教育には，本章で取り上げた5つの理論以外にも，多くの理論が存在する。以下の文献を参考にそれらについて調べ，教育実践にどのように応用できるか考えてみよう。
- 労働政策研究・研修機構（2016）『新時代のキャリアコンサルティング』.

3　レポート課題（宿題）
本章で扱った5つの理論から1つを選択し，それに基づいたキャリア教育の授業を考案してみよう。

4　リアクションペーパーの課題例（授業時の提出課題）
なぜ進路指導・キャリア教育を実践するにあたって理論が必要か考えてみよう。

（京免徹雄）

第10章　参考文献

安達智子・下村英雄（2013）『キャリア・コンストラクションワークブック――不確かな時代を生き抜くためのキャリア心理学』金子書房.

クランボルツ, J. D.／レヴィン, A. S.．花田光代・大木紀子・宮地夕紀子訳（2005）『その幸運は偶然ではないんです！――夢の仕事をつかむ心の練習問題』ダイヤモンド社.

国立教育政策研究所生徒指導・進路指導研究センター（2016）『再分析から見えるキャリア教育の可能性――将来のリスク対応や学習意識，インターンシップ等を例として』.

全米キャリア発達学会．仙崎武・下村英雄訳（2013）『D・E・スーパーの生涯と理論――キャリアガイダンス・カウンセリングの世界的泰斗のすべて』図書文化.

バンデュラ, A., 原野広太郎監訳（1979）『社会的学習理論――人間理解と教育の基礎』金子書房.

Holland, J. L, 渡辺三枝子・松本純平・道谷里英訳（2013）『ホランドの職業選択理論――パーソナリティと働く環境』雇用問題研究会.

文部科学省（2011）『中学校キャリア教育の手引き』教育出版.

文部省（1974）『中学校・高等学校進路指導の手引　中学校学級担任編』日本職業指導協会.

労働政策研究・研修機構（2006）『職業レディネス・テスト〔第3版〕手引』.

労働政策研究・研修機構（2016）『若年者のキャリアと企業による雇用管理の現状』（資料シリーズ No.171）.

労働政策研究・研修機構（2016）『新時代のキャリアコンサルティング――キャリア理論・カウンセリング理論の現在と未来』労働政策研究・研修機構.

渡辺三枝子（2007）『新版　キャリアの心理学――キャリア支援への発達論的アプローチ』ナカニシヤ出版.

Nevill, D. D., & Super, D. E.（1986）*The Values Scale Manual: Theory, Application, and Research*, Palo Alto, CA: Counseling Psychologist Press.

Parsons, F.（1909）*Choosing a vocation*, Houghton Mifflin.

第11章

子どもの発達と
進路指導・キャリア教育の充実
──各校種の進路指導・キャリア教育の実際──

〔レディネス〕

1 子どもの成長には個人差がある一方,発達心理学における発達には,発達段階があり,発達は順序,段階を踏むものであるということを理解している。
2 子どもの成長には,発達段階にふさわしい生活や活動を十分に経験することが重要であるということを理解している。
3 教育心理学等の授業で学ぶ著名な学者の発達心理学についての基礎的理解ができている。
4 進路指導の定義と教育課程上の位置づけを理解している。
5 キャリア教育の定義を理解している。
6 進路指導とキャリア教育との関係性について理解している。
7 一人一人の社会的・職業的自立に向け,必要な基盤となる能力や態度「基礎的・汎用的能力」について理解している。

〔事前学修・活動〕

1 エリクソン(Erikson, E. H.)の『心理社会的発達論』,ハヴィガースト(Havighurst, R. J.)『発達課題』,ピアジェ(Piaget, J.)の発達論についてそれぞれどのような発達段階が論じられているか調べておこう。
　参考文献　無藤隆編(2009)『よくわかる発達心理学』ミネルヴァ書房.
2 進路指導の定義と教育課程上の位置づけについて復習して明確にしておく。
3 キャリア教育の定義,「基礎的・汎用的能力」について明確にしておく。
4 進路指導とキャリア教育との関係性について復習して明確にしておく。
　2〜4参考文献
文部科学省(2011)「小学校キャリア教育の手引き〈改訂版〉」文部科学省.
文部科学省(2011)「中学校キャリア教育の手引き」文部科学省.
文部科学省(2012)「高等学校キャリア教育の手引き」文部科学省.

〔基本解説〕
1 本章の学修のねらい

　本章では，キャリア発達課題や校種に応じた進路指導・キャリア教育の在り方を理解することをねらいとしている。

(1) それぞれの発達段階の発達課題と関連して，キャリア発達においても，発達段階と発達課題があることの理解を図る。

(2) キャリア発達課題に応じた進路指導・キャリア教育の実践や小学校から高等学校までの，一貫した系統的なキャリア発達を促す働きかけをすることの重要性を認識するとともに，その実際の内容の理解を図る。

2 本章課題の背景，問題点

(1) 中央教育審議会答申「初等中等教育と高等教育との接続の改善について」(1999)から，同答申「今後の学校におけるキャリア教育・職業教育の在り方について」(2011)に至るまで，キャリア教育を小学校段階から発達段階に応じて実施する必要があることが一貫して述べられている。

(2) どの校種の教員になっても，小学校から高等学校に至るまでの児童生徒のキャリア発達段階やキャリア発達課題を踏まえ，初等・中等教育12年間を見通した進路指導・キャリア教育を実践していく必要がある。

3 本章の到達目標

(1) 小学校から高等学校までのキャリア発達段階及びキャリア発達課題を理解する。
(2) キャリア発達課題に応じた進路指導・キャリア教育の実践上の観点を理解する。
(3) 進路指導・キャリア教育の具体的なイメージをもつことができる。

4 本章の学修の流れ

　　① 発達心理学における発達段階と学説の理解
　→② キャリア発達と進路指導・キャリア教育活動実践上の観点
　→③ キャリア教育の実際（演習）

5 実践的な活動（指導）との関連

　事後学修で，志望する校種のキャリア教育の指導事例を探り，指導案を作成するなかで，実践的な活動（指導）との関連を図る。

1　発達心理学における発達段階と学説

（1）小学校低学年の児童の発達段階
　この段階は，エリクソン（Erikson, E. H.）の発達段階説（『心理社会的発達論』）で言うと，幼児後期でにあたり，発達課題は「自主性 対 罪悪感（initiative vs. guilty）」である。自主性とは，自分から物事に取り組み，責任をもつことを意味し，この時期の子どもは「遊ぶ」ことを通してルールや規範を自分の中に作り，自分の行動に責任をもつようになる。ハヴィガースト（Havighurst, R. J.）の『発達課題（developmental task）』では，児童初期にあたり，良し悪しについて学習をしていく発達段階である。ピアジェ（Piaget, J.）の発達論では，「具体的操作期（concrete operational period）」の第一段階にあたる。「前操作期（preoperational period）」の「ごっこ遊び」と呼ばれる目の前にはない活動やある役割になりきって行動したりすることができる段階から，数の保存や系列化，クラス化など，簡単なある性質や共通点を元に思考ができるようになる。

（2）小学校中学年から高学年の児童の発達段階
　この段階は，エリクソンでいうと，児童期にあたり，発達課題は「勤勉性 対 劣等感（industry vs. inferiority）」である。小学校に入り，「遊び」から「学び」へと転換し，「学び」の中で，周囲から認められたり，自分の有能さを確認したりといった行動をする段階となる。ハヴィガーストでも，児童期にあたり，日常の遊びに必要な身体的技能の学習，遊び仲間とうまく付き合うことの学習，男子あるいは女子としての適切な社会的役割の学習，読み書き，計算の基礎的能力の発達，個人的独立の達成等，勉学における基本的な能力を身に付け，周囲の人間との協調性を育むといったことが課題として挙げられる。ピアジェでは，「具体的操作期（concrete operational period）」の第2段階にあたる。ある性質をもつグループと，また別の性質をもつグループの共通項を推理することや，いくつかの山や建物からなる模型などを別の角度から見た時の見え方を推理することが可能となる。

（3）小学校高学年から中学校を経て高等学校にかけての発達段階
　この段階は，エリクソンで言うと，青年期にあたり，「自我同一性 対 自我同

一性拡散，混乱（identity vs. identity diffusion, confusion）」とされている。これまでの各段階で，経験してきた自分にとって「望ましい」過去のものが基本となって「自分が自分であるという感覚」が構成されていく段階である。近年，青年期が伸びているという指摘や，青年の「自分探しの旅」などが注目されていることから，本来は「前成人期」にかかる高校生までを含めても差し支えないと昨今では考えられている。ハヴィガーストの発達段階でも，青年期にあたり，両性の友人との新しい成熟した人間関係をもつこと，男性または女性としての社会的役割の達成，自分の身体的変化を受け入れ，身体を有効に使うこと，両親や他の大人からの情緒的独立の達成，経済的独立の目安を立てる等，友人関係のさらなる向上から，思春期・青春期などに起こる身体の変化からくるモラトリアム期における課題が挙げられる。ピアジェは，小学校高学年から中学校段階を，「形式的操作期（formal operational period）」として，思考が現実の具体的な出来事の内容や時間的な流れにとらわれることなく，現実を可能性の中のひとつとして位置づけた論理的な思考が行われる。この形式的操作期の思考の特徴として，仮説に基づいて結論を導く（仮説演繹的思考），現実を可能性の中のひとつと位置づけることによって，ある事象を生じさせる要因の組み合わせを系統的に調べて見つける（組み合わせ思考），現実場面における物事と物事の間の共変関係を的確に理解する（計量的な比例概念）の3つの代表的な思考が可能となるとしている。

これらの発達理論（図11-1）を踏まえて，第2節をみていくこととする。

年　齢	4～6	6～9	10～12	13～15	16～18
学校制度	幼稚園	小学校		中学校	高等学校
発達段階	幼児期	児童期		青年期	
	後　期			前　期	後　期
エリクソン	自主性 vs 罪悪感／勤勉性 vs 劣等感			同一性 vs 拡散	
ハヴィガースト	良し悪しの学習	社会的役割の学習 個人的独立の達成等 勉学における基本的な能力 周囲の人間との協調性		両性の友人との新しい成熟した人間関係 男性または助成としての社会的役割の達成 自分の身体的変化の受け入れ 両親や他の大人からの情緒的独立の達成	
ピアジェ	前操作期	具体的操作期Ⅰ	具体的操作期Ⅱ	形式的操作期	

図11-1　発達心理学における発達段階一覧

2 キャリア発達と進路指導・キャリア教育活動実践上の観点

(1) キャリア教育，キャリア発達の定義

　中央教育審議会「今後の学校におけるキャリア教育・職業教育の在り方について（答申）」（平成23年1月31日）では，キャリア教育を「一人一人の社会的・職業的自立に向け，必要な基盤となる能力や態度を育てることを通して，キャリア発達を促す教育」と定義している。またこの中で，社会的・職業的自立，学校から社会・職業への円滑な移行に必要な力に含まれる要素の1つとして「基礎的・汎用的能力」が挙げられた。そして，キャリア発達については，「社会の中で自分の役割を果たしながら，自分らしい生き方を実現していく過程」「発達過程にある子どもたち一人一人が，それぞれの段階に応じて，適切に自己と働くこととの関係付けを行い，自立的に自己の人生を方向付けていく過程」「自己の知的，身体的，情緒的，社会的な特徴を一人一人の生き方として統合していく過程」と定義説明をしている。

(2) 発達論的学説から捉えるキャリア発達

　渡辺（2007）は，20世紀初頭のパーソンズ（Parsons, 1909）の職業指導運動以来のキャリア発達理論の系譜を，各研究者がキャリア行動を理解しようとする際に何に注目するかに着目して，① 特性論からのアプローチ，② 精神力動からのアプローチ，③ 発達論からのアプローチ，④ 学習理論からのアプローチの4つに整理した。その中で，本節では発達論からのアプローチにふれていく。

　発達論からのアプローチは，職業選択の一時点にとどまらず，生涯にわたるキャリア発達の解明に焦点を当てている。たとえば，ある時点での職業選択は生涯で一度だけの繰り返しのきかない意思決定であるが，それを事後的に回顧して新たな意味を付与することや，それを将来展望の手がかりとして将来の目標を設定していくことは日常的に行われることである。こうした回顧と展望を通じて自己概念が形成され実現されていくプロセスこそがキャリア発達だとD．E．スーパー（Super, Donald E. 1957）。は考えた。多くの人に共通する人生の節目がいくつかあり，その節目において人はキャリアを回顧し展望する必要に迫られる。スーパー（1990）は，エリクソン（Erikson 1982）などの生涯発達モデルをもとに

5段階からなるライフステージ論を提唱した。その5段階とは，① 成長期（〜14歳ごろまで），② 探索期（14〜25歳ごろまで），③ 確立期（25〜45歳ごろまで），④ 維持期（45〜45歳ごろまで），⑤ 下降期または解放期（45歳〜）であり，人間が成長して自らのキャリア領域を見出し，一人前の存在として周囲に認知され，やがて仕事を終えて舞台から去っていくといった成長のプロセスがイメージされている．このキャリア発達の過程を，生涯における役割の分化と統合の過程としてライフ・キャリアの虹で表現し論じている*。（第10章参照）

（3）各学校段階におけるキャリア教育推進上のポイント

これまで述べてきた発達段階，発達課題から，各学校段階においてキャリア教育を推進していくポイントは，概ね次のように整理されてくる．

小学校では，社会性，自主性・自立性，関心・意欲等を促す．中学校では，自らの役割や将来の生き方，働き方等を考えさせ，目標を立てて計画的に取り組む態度を育成し，進路の選択・決定に導く．高等学校では，生涯にわたる多様なキャリア形成に共通して必要な能力や態度を育成し，これを通じて勤労観・職業観等を自ら形成・確立する．具体的には第3節に述べる．

---

*キャリア行動理解のアプローチ
(1) 特性論からのアプローチ：個人特性と仕事特性の適合（マッチング）によって職業選択を説明しようとするもの。(Parsons 1909)
(2) 精神力動からのアプローチ：個人差を扱う点では特性論からのアプローチと共通だが，個人差の中でも直接観察できない欲求や動因，さらには無意識に着目するところに特徴がある。特性論からのアプローチでいう特性の形成に焦点を当てるものであり，その要因として親の養育態度や基本的な欲求の充足状況が取り上げられている。
(3) 学習理論からのアプローチ：個々人がキャリア目標とする企業・組織や業種・職種，仕事の内容などは日々大きな変化にさらされている。変化の中で今までなかった新しい課題に直面し，それを一つひとつ乗り越えていく過程で新たな発見や学習を行い，成長を遂げていくというアプローチである。このアプローチでは，キャリアにおける意思決定の要因として，過去の学習経験の影響が重視される。(Bandura, 1977)

3 小学校段階のキャリア発達とキャリア教育活動実践上の観点

　第3から第5節までは，文部科学省（2011）「小学校キャリア教育の手引き〈改訂版〉」，「中学校キャリア教育の手引き」，「高等学校キャリア教育の手引」にそれぞれ示されている校種や学年等における，各段階のキャリア発達課題とそれを踏まえた指導の観点及び実践例（本章では特別活動を中心に掲載した）が一本の流れになるようとりまとめてみた。

（1）小学校低学年

① 小学校生活に適応する。

　小学校生活への期待の反面，初めて出会う学習活動や生活体験への不安も大きいことから学校生活や集団への適応と，友達と仲良く助け合っていく態度の育成を図りたい。特に，返事やあいさつ，自分の気持ちを伝えること，時間やきまりを守ることなど基本的な生活習慣を身に付けることや，社会生活上のきまりを理解することなどは，この時期の最も大切な指導である。

　【実践例】　・がっこうだいすき―がっこうたいけん（第1学年・生活科）

② 身の回りの事象への関心を高める。

　様々なものやこと，人々とのかかわりを広げながら，身近な人々の生活や働く人々に関心をもち，積極的にかかわっていこうとする態度をはぐくみたい。まず学級集団の中で，係活動に取り組んだり，家での仕事を分担したりすることを通し，自分が役割を果たすことの価値を知る。そして，身近な人々や地域の人々と進んで交流する中で，相手の気持ちを考えたり，お世話になった人々や自分の生活を支えている人々に感謝したり，自分の役割の大切さを自覚したりできるようになっていく。幼稚園児（保育園児）との交流や地域の人々との触れ合いの場，縦割り班活動での異学年交流の場を豊かにして，身近な人々とかかわることの楽しさを十分味わわせたい。

　【実践例】　・「かかりのおしごと発表会」の計画を立てよう（第1・2学年・
　　　　　　　　特別活動・学級活動）
　　　　　　・だいすき　わたしたちのまち　（第2学年・生活科）

③ 自分の好きなことを見つけて，のびのびと活動する。

　好奇心旺盛なこの時期に，様々な体験活動の中でできるようになったことを増やし，自信をもたせて，活動する楽しさを味わわせたい。自分の好きなことが言えたり，友達のよさを見付けたりしていくことをはじめ，自分をかけがえのないものとして大切にしていこうとする気持ちをはぐくんでいく。そして，自分自身の成長に気付き，自信を深めるようにしていくことが大切である。
　【実践例】　・たいせつなじぶん（第1学年・道徳）
　　　　　　・がんばっているね　わたしのしごと（第2学年・道徳）

（2）小学校中学年

① 友だちと協力して活動する中でかかわりを深める。

　集団で物事に取り組もうとする姿を生かしながら，友達づくりや集団の結束づくりを大事にしたい。当番活動や，清掃，異学年集団活動など，学校生活の様々な場面で，自分たちで決まりをつくって守る姿を育てる必要がある。きまりを守ることで，周囲から認められ，集団の結束力も高まる。また縦割り行事や所属クラブの決定，地域清掃など，特別活動では協力し合える人間関係を築く態度を育てる必要がある。
　【実践例】　・進んで働こう（第3学年・特別活動・学級活動）
　　　　　　・お店体験をしよう（第3学年・総合的な学習の時間）

② 自分の持ち味を発揮し，役割を自覚する。

　物事に一生懸命に取り組める時期であることから，日常生活では日直や係，朝の会や帰りの会などの中で，自分の仕事に対して責任を感じ，最後までやり遂げる姿勢を培ったり，自分のやりたいことやよいと思うことなどを考えて進んで取り組む姿勢をはぐくんだりすることが大切である。特に学級活動では話合い活動を通して，集団決定をしたり，集団思考の後に自己決定をしたりすることにより，集団における自分の存在を認識し，自分の持ち味や役割を自覚させたい。
　【実践例】　・誰もが楽しめるドッジボール大会を開こう（第4学年・特別活
　　　　　　　動・学級活動）
　　　　　　・自分の長所をのばす（第4学年・道徳）

（3）小学校高学年

① 自分の役割や責任を果たし，役立つ喜びを体得する。

　学校行事や委員会活動，異学年集団での活動などで中心となって活動する機会が多くなることから，自分の役割や責任を自覚して活動し，その喜びを実感するようになる。そのために，(1)高学年として役割や責任を果たす活動を多様に設定し，児童一人一人に自己を生かす機会を保障すること，(2)児童の自立心や自律性を重視しつつ，計画段階や実践の場における継続的な支援をすることにより，児童が困難を乗り越えて目標を達成できるようにすること，(3)児童が責任や役割を果たしたことを，周囲から認められる経験をすること，などが大切である。また，学校生活に限らず，家庭や社会の一員としての自分の役割を考え，自分のできることについて考えることも大切である。

　【実践例】　・働くことの意義（第5学年・道徳）

② 集団の中で自己を生かす。

　児童が集団の中で自己を生かすためには，他者の個性を尊重し，自己の個性を発揮しながら，集団内の様々な人々と適切にコミュニケーションをとり協力し合って活動する必要がある。そのためには，児童が自他のよさや個性に気付くことのできる場を意図的に設定することが必要である。各教科等において「自他のよさを活動に生かす工夫」をすることや，学級活動等において「自己を見つめる活動を行う」などの方法が考えられる。さらに，集団の中で児童が自己を生かすためには，「コミュニケーション能力を育てる」ことも重要である。

　【実践例】　・めざせ！キラキラプレイヤー（第5学年・体育）
　　　　　　・夢に向かって（第6学年・国語）

③ 社会と自己のかかわりから，自らの夢や希望をふくらませる。

　思春期に入り，自分の将来に目を向ける児童が多くなる時期である。自分の将来について前向きな気持ちをもつためには，人とかかわり合いながら生き方について学ぶ体験活動の果たす役割は大きい。小中連携による特別活動は，6年生が中学生と共に活動することにより，中学校生活への不安を取り除き，期待をふくらませることに効果的である。また，総合的な学習の時間に，様々な人とかかわりながら様々な人々の生き方から学ぶ活動によって，児童が自分の生き方につい

て見つめることができる。児童が働くことや自分の将来を考えることの大切さに気付き，社会における様々な役割についての情報を収集・探索する力を身に付けることも，児童が生き方を選択していく上でおろそかにすることはできない。体験活動を通し，実感を伴って勤労や職業に関する理解を深めたり，情報機器や図書などを活用して幅広く知識を得たりする活動を，特に高学年においては意図的に取り入れていく必要がある。

【実践例】　・人生の先輩から学ぼう（第5学年・総合的な学習の時間）
　　　　　　・希望をもって　第5学年・道徳）
　　　　　　・3校交流会を成功させよう（第6学年・特別活動・学級活動）

4 中学校段階のキャリア発達と進路指導・キャリア教育活動実践上の観点

(1) 中学校第1学年

① 自分のよさや個性がわかる。

　中学校生活への大きな期待の反面，初めての教科担任制による授業，部活動，定期考査など小学校とは大きく違う学校生活が始まる。そこで，中学校生活のガイダンスや諸検査，学級活動などを通し，中学校生活に適応できる環境や自分自身のよさを知る機会をつくる。

　【実践例】　・自分を知ろう（特別活動・学級活動）
　　　　　　・適性と進路（特別活動・学級活動）

② 自己と他者の違いに気付き，尊重しようとする。

　学校行事や生徒会活動など集団の中で役割を担って活動する場面が多くなり，人間関係が拡大する時期である。他者とのかかわりの中で自己をよく理解し，他者の個性を尊重し，よりよい人間関係を築いていこうとする能力や態度を育てていくことが重要である。各教科などでの学習を中心として，自分の考えを適切に伝えることのできる能力を身に付けるとともに，相手の考えを受け止める態度を養う。

　【実践例】　・中学校生活の目標を立てよう（特別活動・学級活動）
　　　　　　・調べたことを発表しよう（各教科）

③ 集団の一員としての役割を理解し，果たそうとする。

　学級や委員会，生徒会等の諸活動を通し，自主性を高めることが重要である。

　【実践例】　・学級の組織をつくろう（特別活動・学級活動）
　　　　　　・体育祭を盛り上げよう（特別活動・学級活動）

④ 将来に対する大まかな夢やあこがれを抱く。

　職業調べや職場訪問などの活動を通して，社会の様々な職業についての視野を広め，将来に対する夢やあこがれを抱いて，その実現に向けて努力する態度を育てていくことが大切である。

【実践例】　・将来の夢を語ろう（特別活動・学級活動）
　　　　　　・職業を知ろう（特別活動・学級活動）

（2） 中学校第2学年
① 自分の言動が，他者に及ぼす影響について理解する。
　中堅学年としての学校生活における立場や役割を自覚させ，新たな希望や抱負をもって，有意義な学校生活を送るようにすることが大切である。様々な人とかかわりながら，よりよい生活や学習，進路，生き方などを目指すことの大切さを理解する教育活動を展開する必要がある。
　【実践例】　・充実した生き方を探る（特別活動・学級活動）
　　　　　　・行事を盛り上げる（特別活動・学校行事）

② 社会の一員としての自覚が芽生える。
　職場体験活動等に参加する機会をとらえて，社会と自分とのつながりについて考えさせる必要がある。職場体験やボランティア活動等を通し，勤労の意義や働く人々の思いを理解する教育活動を展開する必要がある。
　【実践例】　・働く人々に学ぼう（特別活動・学級活動）
　　　　　　・ボランティア活動をしよう（特別活動・生徒会活動）

③ 将来の夢を達成する上での現実の問題に直面し，模索する。
　自分の特性や能力を生かしながら，充実した学校生活を自分でデザインし，何事にも意欲的に取り組もうという心構えをもたせる必要がある。キャリアカウンセリングなどを通し，自分の適性を知り，諸活動に生かしていく教育活動を展開する必要がある。
　【実践例】　・社会の一員として生きる（特別活動・学級活動，道徳）
　　　　　　・自分の適性，自分の進路（特別活動・学級活動）

（3） 中学校第3学年
① 自己と他者の個性を尊重し，人間関係を円滑に進める。
　義務教育の最終学年であると同時に，自らの将来について深く考える学年である。今までの諸活動で得たことを自らの学習や生活に生かそうとする教育活動を展開する必要がある。

【実践例】　・実りある生活と学習（特別活動・学級活動）
　　　　　　・進路の選択に備えて（特別活動・学級活動）

② 社会の一員としての義務と責任を理解する。
　最上級生であるという自覚のもと，希望と抱負をもって中学校生活の最終学年を送っていこうとする心構えと現実を見つめる決意をもち，自らの課題に積極的に取り組み，主体的に解決しようとする姿勢が大切になる。体験活動を通し，社会における様々な役割を理解するとともに，社会と自己のかかわりから自分の特徴に気付き，自分らしい生き方について考える教育活動を展開する必要がある。
　【実践例】　・ボランティア活動に参加する（特別活動・生徒会活動）
　　　　　　・社会の一員として生きる（特別活動・学級活動，道徳）

③ 将来設計を達成するための困難を理解し，それを克服する努力に向かう。
　高等学校入学者選抜を始めとする具体的な進路選択に直面し，意志決定を迫られる。人生における重大な選択の時を迎えることになるため，生徒によっては時に精神的な余裕がもてなくなる場合がある。そこで，様々な人からの意見などを参考に，自らの進路計画を立て，目標の実現に向かい努力を続けることの大切さが分かる教育活動を展開する必要がある。
　【実践例】　・充実した生き方について考える（特別活動・学級活動，道徳）
　　　　　　・進路を考える（特別活動・学級活動，道徳）

5　高等学校段階のキャリア発達と進路指導・キャリア教育活動実践上の観点

　高校生期においては,「自己理解の深化と自己受容」「選択基準としての勤労観,職業観の確立」「将来設計の立案と社会的移行の準備」「進路の現実の吟味と試行的参加」が特に重要な課題となる。キャリア教育の視点からは,「基礎的・汎用的能力」に示される4つの能力「人間関係形成・社会形成能力」「自己理解・自己管理能力」「課題対応能力」「キャリアプランニング能力」,それぞれについて具体的な目標を設定していくことが必要である。

　文部科学省では,高校生期の発達段階を大きく2つに分け,それぞれ以下のようなキャリア発達の特徴例を挙げている。

(1) 入学から在学期間半ば頃まで
① 新しい環境に適応するとともに,他者との望ましい人間関係を構築する。
　【実践例】・コミュニケーションスキル（ソーシャルスキル）トレーニング
　　　　　　相互の理解（特別活動・ホームルーム活動）
② 新たな環境の中で自らの役割を自覚し,積極的に役割を果たす。
　【実践例】・自分の性格・個性・興味・関心,自分史,自分の価値観について
　　　　　　知る,学年・学期の自己目標を立てる（特別活動・ホームルーム
　　　　　　活動）
③ 学習活動を通して自らの勤労観・職業観について価値観形成を図る。
　【実践例】・職業研究,学部・学科研究,興味調査,企業・学校見学（特別活
　　　　　　動・ホームルーム活動）
④ 様々な情報を収集し,それに基づいて自分の将来について暫定的に決定する。
　【実践例】・職業研究,学部・学科研究,興味調査,企業・学校見学（特別
　　　　　　活動・ホームルーム活動）
⑤ 進路希望を実現するための諸条件や課題を理解し,検討する。
　【実践例】・適性検査,自己診断調査（特別活動・ホームルーム活動）
⑥ 将来設計を立案し,今取り組む学習や活動を理解し実行に移す。
　【実践例】・10年後の理想の私を見据えた年間・学期計画を立てる（特別活
　　　　　　動・ホームルーム活動）

（2）在学期間半ば頃から卒業を間近にする頃まで

① 他者の価値観や個性を理解し，自分との差異を見つめつつ受容する。
　【実践例】　・自己理解・他者理解（特別活動・ホームルーム活動）
② 卒業後の進路について多面的・多角的に情報を集め，検討する。
　【実践例】　・ホームルームでの話し合いにより就業体験を振り返ろう（特別活動・ホームルーム活動）
③ 自分の能力・適性を的確に判断し，自らの将来設計に基づいて，高校卒業後の進路について決定する。
④ 進路実現のために今取り組むべき課題は何かを考え，実行に移す。
⑤ 理想と現実との葛藤や経験等を通し，様々な困惑を克服するスキルを身に付ける。

　上記の発達段階，発達課題を踏まえ，次に示す観点から教育活動を考えることを述べている。
　1　社会的・職業的に自立するために必要な基盤となる能力や態度を育成する
　　　高等学校の時期は社会人・職業人として自立が迫られる時期であるという側面から見て，社会人・職業人に共通して必要な能力や態度の育成がとりわけ重要な意味をもつ。
　2　キャリアを積み上げていく上で必要な知識等を，教科・科目等を通じて理解させる
　　　高等学校段階は，知識として学ぶことと体験を通して学ぶことの両面から，現実社会の厳しさも含めて，一人一人の将来に実感のあるものとして伝えることが特に重要である。
　3　体験的な学習の機会を設ける
　　　卒業生・地域の職業人等とのインタビューや対話，就業体験活動などを，計画的・系統的なキャリア教育の一環として十分に提供し，これらの啓発的な経験を通して，進路を研究し，自己の適性の理解，将来設計の具体化を図らせる。具体的に人や現場を通して，自己と社会の双方についての多様な気付きや発見を経験させ，自らの将来を考えさせることが効果的と考えられる。
　4　生徒が自らの価値観を形成し，とりわけ勤労観・職業観を確立できるようにする
　　　自らの人生の中で「働くこと」にどれだけの重要性や意味をもたせるのか

の最終的自己決定の際に中心となる勤労観・職業観を，様々な学習や体験を通じて自らが考えていく中で形成・確立していく。これまでの様々な学習を通して，働くことの重要性や意義を理解し，生徒一人一人がそれぞれの勤労観・職業観を確立し，人生観・社会観などを含んだ価値観を形成できるようにしていくことが必要である。

　最後に，中学校，高等学校とも進路指導・キャリア教育の推進上重要であるキャリアカウンセリングの活動についてふれておく。

　「キャリア教育の推進に関する総合的調査研究協力者会議報告書」(2004) では，学校におけるキャリアカウンセリングを，「子どもたち一人一人の生き方や進路，教科・科目等の選択に関する悩みや迷いなどを受け止め，自己の可能性や適性についての自覚を深めさせたり，適切な情報を提供したりしながら，子どもが自らの意志と責任で進路を選択することができるようにするための，個別又はグループ別に行う指導援助である。」と定義している。特に卒業時の進路決定に対するきめ細かな指導・支援を行うキャリアカウンセリングの充実は極めて重要であり，教師はその機会の確保と質の向上に努め，生徒たちの意識の向上や変容を促し，自己の可能性の発見や実現へのさらなる意欲を喚起できるよう育成することが求められると文部科学省（2012）には述べられている。

構成的グループエンカウンター
「見いだせ自分のキャリアアンカー!」作業シート

【作業1】 つぎの1から40の設問を読んで、自分にあてはまる数字(1~4)を表の白欄にかいてください。
　1:まったくあてはまらない　　2:たまにあてはまる　　3:だいたいあてはまる　　4:いつもあてはまる

	設問内容	①	②	③	④	⑤	⑥	⑦	⑧
1	周りの人がいつも自分に専門的アドバイスを求めてくるくらいの専門家になりたい								
2	1つの活動に向けて多くの人の努力をまとめあげた仕事をしたとき一番満足すると思う								
3	自分のやり方や自分のスケジュールで仕事ができる自由な仕事に就くことが夢だ								
4	自分で会社を起こす元となりそうなアイディアをいつも注意して探している								
5	自由と裁量より、保障と安定のほうが自分にとっては大切だと思う								
6	個人的関心や家族の問題のために妥協して能力を発揮できない仕事に就くくらいなら、会社を辞める								
7	社会全体の福利のために真に貢献できる仕事をしたとき一番満足すると思う								
8	困難な問題の解決にいつも挑戦し続けることができるような仕事に就くことが夢だ								
9	自分の能力をつねに高いレベルに向上できる仕事をしたとき一番満足すると思う								
10	会社など組織全体を中心に立って仕切るのが夢だ								
11	自分で完全に自由に仕事・スケジュール・手続きを決められる仕事をしたとき一番満足すると思う								
12	希望しない配置をして仕事が続けられるか不安を抱かせる会社には長くとどまろうとは思わない								
13	どこかの会社で高い地位を得るより、自分自身で事業を起こすことのほうが大切だと思う								
14	自分の才能を活かして誰かの役に立てた仕事をしたとき一番満足すると思う								
15	困難な課題に対処し、それを克服できた仕事をしたとき一番満足すると思う								
16	個人、家族、仕事のニーズを、仕事上で同時に満たすことができるのが夢だ								
17	経営幹部になるより、専門分野の部門長や技術部門の管理職になる方が魅力的だ								
18	自分の仕事を自分で決められる完全な自律と自由がある仕事をしたとき一番満足すると思う								
19	ふだん会社など組織の中では、安全と保障を実感できる仕事を求めると思う								
20	自分の技能と努力の結果として何かを成し得た仕事をしたとき一番満足すると思う								
21	自分が成功したと感じるのは、管理職として会社などで高い地位を得たときだと思う								
22	自分の才能を発揮して世の中をよくすることが、自分の仕事を決める根本だ								
23	解決不可能と思われた問題を解決できる仕事にいちばん満足すると思う								
24	個人的要件、家族の要件、キャリア上の要件にバランスを取ることができたときよい人生だと思う								
25	安定と保障を実感できる仕事に就くのが夢だ								
26	自分の専門領域とかけ離れた仕事を受け入れるより、会社を辞めるほうがいい								
27	仕事と生活のバランスをとることは、管理職として高い地位を得ることより大切だと思う								
28	人類と社会に真に貢献できる仕事に就くことが夢だ								
29	自分なりのアイデアと技能を元にして起業するとき一番満足すると思う								
30	経営幹部になることは、専門領域の部門長になるより魅力的だ								
31	規制と縛りがなく、自分自身のやり方で仕事をすることは、自分にとってとても大切だ								
32	問題解決能力と個人の競争力を豊かに発揮できる仕事に就くことを望んでいる								
33	自分で事業を立ち上げ、軌道に乗せていく仕事に就くことが夢だ								
34	偉くなって自分が人の役に立つ力を発揮できない地位に就くくらいなら、会社を辞めた方がいい								
35	自分の特別な技能と才能を活用できる仕事をしたとき一番満足すると思う								
36	管理職になれないような配属先で仕事をするくらいなら、会社をやめるほうがいい								
37	自分の職業人生でいちばん満足できるのは、経済面・雇用面での安定を感じられるときだ								
38	自律性と自由がきかない配属先で仕事をするくらいなら、会社をやめたほうがいい								
39	個人的関心や家族の問題にあまり干渉されない仕事に就きたい								
40	解決が困難な問題に対処することは、管理職としての高い地位を得るよりも自分にとっては大切だ								
	合　計								

【作業2】 全部の項目について点数を付け終わったら、①~⑧の各列の合計点を出してください。
【作業3】 ①~⑧の高得点の中からさらにこだわりの高い5つを選んでください。選んだ5つにそれぞれ5点を加えてください。
【作業4】 「見いだせ自分のキャリア・アンカー」解説シートの該当箇所に点数を書き入れ、点と点を線で結んでください。
　　　参考:シャイン(2003).

構成的グループエンカウンター「見いだせ自分のキャリア・アンカー」解説シート

見いだせ自分のキャリア・アンカー！（解説）

　キャリア・アンカーとは，個人がキャリアを選択する際に，自分にとって最も大切で，これだけはどうしても犠牲にできないという価値観や自分の軸

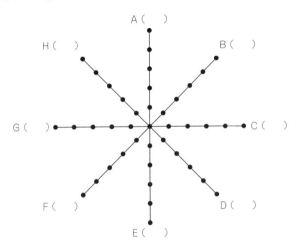

A　専門・職能別コンピタンス
　　特定の分野で能力を発揮し，自分の専門性や技術が高まることに幸せを感じる
B　全般管理コンピタンス
　　集団を統率し，権限を行使して，組織の中で責任ある役割を担うことに幸せを感じる
C　保障・安定
　　一つの組織に忠誠を尽くし，社会的・経済的な安定を得ることを望む
D　起業家的創造性
　　リスクを恐れず，クリエイティブに新しいものを創り出すことを望む
E　自律と独立
　　組織のルールや規則に縛られず，自分のやり方で仕事を進めていくことを望む
F　社会への貢献
　　社会的に意義のあることを成し遂げる機会を，転職してでも求めようとする
G　ワーク・ライフ・バランス
　　個人的な欲求や家族の願望，自分の仕事などのバランスや調整に力をいれる
H　純粋なチャレンジ
　　解決困難に見える問題の解決や手ごわいライバルとの競争にやりがいを感じる

授業におけるアクティブ・ラーニング

1 討論・ディベートのテーマの提示
① 進学指導(出口指導)で終始しがちな学校教育の理由を探ろう(討論)
② 職場体験(就業体験)等はキャリア発達を促す vs 促さない(ディベート)
  ※自己の経験をもとにキャリア発達促進の観点から捉え直してみる。

2 グループワークの課題(体験学習)
① 自分が体験した職場体験(就業体験)等の実態と課題(KJ法)
  ※自分が体験した職場体験(就業体験)からの気づきや学びを書き出し、KJ法を援用した整理を行い、その課題と教育的意義を考える。
② キャリア教育の実施計画略案作成
  ※キャリア教育の実践例からひとつ選び、実施計画略案を作成する。

3 調べ学習課題の提示
① 小学校・中学校・高等学校における進路指導・キャリア教育の実態
  ※各校種の進路指導・キャリア教育の特色・違いなどについて整理する。
② 進路指導・キャリア教育の具体的実践事例紹介
  ※関心のある実践事例を選び、具体的な内容をプレゼンテーションする。

4 体験学習の紹介
① キャリア教育研究推進校訪問
② 民間企業人事担当者による「求める人材」についての講演・意見交換会

5 ロールプレイング・場面指導の課題
① 構成的グループエンカウンターエクササイズ(SGE)「見いだせ自分のキャリア・アンカー(職業と自己理解)」体験
  ※本章に掲載した作業シート「見いだせ自分のキャリア・アンカー!」、「見いだせ自分のキャリア・アンカー!(解説)」を用いて、キャリア教育を受ける生徒の立場の経験をする。
② ソーシャル・スキルトレーニング(SST)実施体験
  ※適切な依頼の仕方などスキルを一つ選び、まず、SSTを受ける生徒の立場の経験をする。時間があれば、指導する教員役の経験をする。

リマインド・振り返り

1 本章のまとめ（論点整理）
① 発達心理学における発達段階や発達課題と同様にキャリア発達にも段階と課題がある。
② 進路指導・キャリア教育の実践にあたっては，小学校入学から高等学校卒業までのキャリア発達段階及びキャリア発達課題を達成していくための教育活動を計画・実施していくことが重要である。
③ 一人一人の社会的・職業的自立に向けて必要な基盤となる能力や態度として挙げられている「基礎的・汎用的能力」の育成を通して，キャリア発達を促すためには，小学校段階から高等学校卒業期までを見通した系統的なものであることが必要である。

2 発展的課題の提示
①「人工知能（AI）時代にキャリア発達上求められる力はなにか」
②「キャリア教育を推進できる教員に必要な意識，認識はなにか」

3 レポート課題の提示（宿題）
①「あなたの志望する校種の教科等での進路指導・キャリア教育のオリジナルまたは改訂版の全体学習活動計画案を作成してください」
②「あなたの志望する校種の教科等での進路指導・キャリア教育のオリジナルまたは改訂版の一単位時間の学習指導案を作成してください」

4 リアクションペーパーの課題例（授業時の提出課題）
① 小学校入学段階から高等学校卒業段階まで見通した進路指導・キャリア教育の必要性について，授業を通して，認識したことに基づいて述べる。
② 授業を受けるまでは，自己がこれまで進路指導・キャリア教育と認識していなかった教育活動を上げ，その教育活動がキャリア発達上どのような意味があると考えたか述べる。

（川崎知己）

第11章　参考文献

片野智治ほか編（2001）『エンカウンターで進路指導が変わる——生き抜くためのあり方生き方教育』図書文化.

キャリア教育の推進に関する総合的調査研究協力者会議（2004）「キャリア教育の推進に関する総合的調査研究協力者会議報告書」文部科学省.

シャイン, E. H., 金井壽宏訳（2003）『キャリアアンカー——自分のほんとうの価値を発見しよう』白桃書房.

武藤隆編（2009）『よくわかる発達心理学』ミネルヴァ書房.

文部省（1992）「中学校・高等学校進路指導資料」文部省.

文部科学省（2011）「小学校キャリア教育の手引き〈改訂版〉」文部科学省.

文部科学省（2011）「中学校キャリア教育の手引き」文部科学省.

文部科学省（2012）「高等学校キャリア教育の手引き」文部科学省.

渡辺三枝子（2002）『新版カウンセリング心理学——カウンセラーの専門性と責任性』ナカニシヤ出版.

渡辺三枝子編著（2007）『新版キャリアの心理学——キャリア支援への発達的アプローチ』ナカニシヤ出版.

Parsons, F.（1909）*Choosing a Vocation*, Agathon Press.

Super, D. E.（1957）*The Psychology of Careers*, Harper.（日本職業指導学会訳（1960）『職業生活の心理学』誠信書房.）

Super, D. E.（1984）Career and life development, In D. Brown et al.（Eds.）*Career Choice and Development: Applying contemporary thories to practice*, Jossey-Bass.

Super, D. E.（1990）A Life-Span, Life-Space Approach to Career Development, In D. Brown et al.（Eds.）*Career Choice and Development: Applying contemporary thories to practice*, Jossey-Bass.

Super, D. E., & Sverko, B.（Eds.）（1995）*Life Roles, Values, and Careers: International findings of the work importance study*, Jossey-Bass.

Super, D. E., Savickas, M. L., & Super, C. M.（1996）The Life-span, Life-space Approach to Careers, In *Career Choice and Development: Applying contemporary thories to practice*（3rd ed.）, Jossey Bass.

Taylor, K. M., & Betz, M. E.（1983）Application of Self-efficacy Theory to the Understanding and Treatment of Career Indecision, *Journal of Vocational Behavior*, 22, 63-81.

Tyler, L.（1960）The Development of Interests, In W. L. Layton（Ed.）, *The Strong Vocational Interst Blank: Research and Uses*, University of Minnesota Press.

第12章

社会に生きる子どものキャリア形成
（進路指導・キャリア教育）

〔レディネス〕

> 1 子どものキャリア形成は，教育活動全体を通じて行うことが大切である
> 2 教育活動全体の取組をキャリア形成につなげていくための中核的な時間として，新学習指導要領では，特別活動を位置付けることとした。
> 3 新学習指導要領では，学ぶことに興味や関心を持ち，自己のキャリア形成の方向性と関連付けるために，「見通しを立て，振り返る」活動を推進することとしている。

〔事前学修・活動〕

> 次の資料を読んでから，授業に臨むこと（学校種は各自選択）
>
> ・文部科学省（2017）「小学校学習指導要領」
> 　（第1章の総則と第6章の特別活動に目を通すこと）
> ・文部科学省（2017）「中学校学習指導要領」
> 　（第1章の総則と第5章の特別活動に目を通すこと）
> ・文部科学省（2018）「高等学校学習指導要領」
> 　（第1章の総則と第5章の特別活動に目を通すこと）
> ・文部科学省（2017）「小学校学習指導要領解説総則編」
> ・文部科学省（2017）「中学校学習指導要領解説総則編」
> ・文部科学省（2018）「高等学校学習指導要領解説総則編」
> ・文部科学省（2017）「小学校学習指導要領解説特別活動編」
> ・文部科学省（2017）「中学校学習指導要領解説特別活動編」
> ・文部科学省（2018）「高等学校学習指導要領解説特別活動編」

〔基本解説〕
1 本章の学修のねらい
(1)教育活動におけるキャリア教育の位置づけを理解する。
(2)発達段階を踏まえたキャリア教育の必要性を理解する。
(3)「見通しを立て,振り返る」活動の必要性を理解する。

2 本章の背景
　キャリア教育については,「職場体験活動を行うこと」や「次の学校段階への進学のみを見据えた指導を行うこと」であるなどと,点のみで捉え,社会で自立していくためのキャリアを形成していくという線で捉える視点に乏しいという指摘がある。そのため,本章では,新学習指導要領を踏まえて,社会との接続を重視した子どものキャリア形成を育むことの必要性を理解する。

3 本章の到達目標
(1)教育活動におけるキャリア教育の位置づけを他者に説明できる。
(2)発達段階を踏まえたキャリア教育の必要性を他者に説明できる。
(3)「見通しを立て,振り返る」活動の具体例を示すことができる。

4 本章の学修の流れ
(1)各節を各自で熟読し,ポイントを示す。
(2)グループ内で,各節のポイントを各自が出し合う。
　（「なぜ,そこがポイントだと思うのか」,自分の考えを述べる）
(3)グループとしてのポイントをまとめる。
(4)グループでまとめたポイントを,クラス全体で発表し全体協議をする。
(5)振り返り。

5 実践的な活動（指導）との関連
・外部機関への実習や体験活動等において,自ら「見通しを立て,振り返る」活動を実践し,記録に留める。

1　新学習指導要領におけるキャリア形成の視点

　新しい学習指導要領（小・中・高）には，第1章の総則の前に，初めて前文が記された。以下の文章がその前文である。文中には，子どものキャリア形成の視点（下線部は筆者による）がいくつも示されている。

　教育は，教育基本法第1条に定めるとおり，人格の完成を目指し，平和で民主的な国家及び社会の形成者として必要な資質を備えた心身ともに健康な国民の育成を期すという目的のもと，同法第2条に掲げる次の目標を達成するよう行われなければならない。

1　幅広い知識と教養を身に付け，真理を求める態度を養い，豊かな情操と道徳心を培うとともに，健やかな身体を養うこと。
2　個人の価値を尊重して，その能力を伸ばし，創造性を培い，自主及び自律の精神を養うとともに，職業及び生活との関連を重視し，勤労を重んずる態度を養うこと。
3　正義と責任，男女の平等，自他の敬愛と協力を重んずるとともに，公共の精神に基づき，主体的に社会の形成に参画し，その発展に寄与する態度を養うこと。
4　生命を尊び，自然を大切にし，環境の保全に寄与する態度を養うこと。
5　伝統と文化を尊重し，それらをはぐくんできた我が国と郷土を愛するとともに，他国を尊重し，国際社会の平和と発展に寄与する態度を養うこと。
　これからの学校には，こうした教育の目的及び目標の達成を目指しつつ，一人一人の生徒が，自分のよさや可能性を認識するとともに，あらゆる他者を価値のある存在として尊重し，多様な人々と協働しながら様々な社会的変化を乗り越え，豊かな人生を切り拓き，持続可能な社会の創り手となることができるようにすることが求められる。このために必要な教育の在り方を具体化するのが，各学校において教育の内容等を組織的かつ計画的に組み立てた教育課程である。
　教育課程を通して，これからの時代に求められる教育を実現していくためには，よりよい学校教育を通してよりよい社会を創るという理念を学校と社会とが共有し，それぞれの学校において，必要な教育内容をどのように学び，どのような資質・能力を身に付けられるようにするのかを教育課程において明確にしながら，社会との連携及び協働によりその実現を図っていくという，社会に開かれた教育課程の実現が重要となる。
　学習指導要領とは，こうした理念の実現に向けて必要となる教育課程の基準を大綱的に定めるものである。学習指導要領が果たす役割の一つは，公の性質を有する学校

> における教育水準を全国的に確保することである。また，各学校がその特色を生かして創意工夫を重ね，長年にわたり積み重ねられてきた教育実践や学術研究の蓄積を生かしながら，生徒や地域の現状や課題を捉え，家庭や地域社会と協力して，学習指導要領を踏まえた教育活動の更なる充実を図っていくことも重要である。
> <u>生徒が学ぶことの意義を実感できる環境を整え，一人一人の資質・能力を伸ばせるようにしていくことは，教職員をはじめとする学校関係者はもとより，家庭や地域の人々も含め，様々な立場から生徒や学校に関わる全ての大人に期待される役割である。幼児期の教育及び小学校教育の基礎の上に，高等学校以降の教育や生涯にわたる学習とのつながりを見通しながら，生徒の学習の在り方を展望していくために広く活用されるものとなることを期待して，ここに中学校学習指導要領を定める。</u>

出典：文部科学省（2017：1-2）。

　子どものキャリア形成については，これまでも，「職業及び生活との関連を重視し，勤労を重んずる態度を養う」という勤労観・職業観の視点が重視されてきた。それに加えて，近年の社会的ニーズから生じた「主体的に社会の形成に参画する」「社会的変化を乗り越える」「持続可能な社会の創り手となる」「よりよい社会を創る」「社会との連携及び協働」などの視点を読み取ることができる。さらに，最終段落での6行は，社会で生きる子どものキャリア形成そのものを示したものである。

〈キーワード〉　学習指導要領　前文　社会　連携　協働

2　すべての教育活動を通して行うキャリア形成

　新しい学習指導要領（小，中，高）の総則には，直接「キャリア教育」という言葉を用いて，その充実を図るとともに子どものキャリア形成を育むことを明記している（下線部は筆者による）。第1章の総則に明記したということは，教育課程全体に関係するということなので，子どものキャリア形成は，教育課程を中心とした，すべての教育活動を通して行う必要がある。

第1章総則　第4　児童の発達の支援　1　児童の発達を支える指導の充実（小学校）

(3)児童が，学ぶことと自己の将来とのつながりを見通しながら，社会的・職業的自立に向けて必要な基盤となる資質・能力を身に付けていくことができるよう，特別活動を要としつつ各教科等の特質に応じて，キャリア教育の充実を図ること。

第1章総則　第4　生徒の発達の支援　1　生徒の発達を支える指導の充実（中学校）

(3)生徒が，学ぶことと自己の将来とのつながりを見通しながら，社会的・職業的自立に向けて必要な基盤となる資質・能力を身に付けていくことができるよう，特別活動を要としつつ各教科等の特質に応じて，キャリア教育の充実を図ること。その中で，生徒が自らの生き方を考え主体的に進路を選択することができるよう，学校の教育活動全体を通じ，組織的かつ計画的な進路指導を行うこと。

第1章総則　第5款　生徒の発達の支援　1　生徒の発達を支える指導の充実（高等学校）

(3)生徒が，学ぶことと自己の将来とのつながりを見通しながら，社会的・職業的自立に向けて必要な基盤となる資質・能力を身に付けていくことができるよう，特別活動を要としつつ各教科・科目等の特質に応じて，キャリア教育の充実を図ること。その中で，生徒が自己の在り方生き方を考え主体的に進路を選択することができるよう，学校の教育活動全体を通じ，組織的かつ計画的な進路指導を行うこと。

　これまでによく聞かれていた「小学校卒業時点では就職をしないので，キャリア教育は必要ない」，「私たちの高校では，ほぼ100％進学をするのでキャリア教育は必要ない」などといった声が少なくなっているように，キャリア教育の理念が浸透してきている。ただし，キャリア教育＝将来の職業という概念が未だに根強く残っており，キャリア教育の活動が，小学校では「お仕事疑似体験」，中学

校では「職場体験活動」、そして、高等学校では「インターンシップ」が中心となっていることは否めない。もちろん、将来の職業について考えることは大切である。しかし、職業に就くことが最終ゴールではなく、社会で自立していくために必要な資質や能力を発達段階に応じて子ども自らが身に付けていくことや、職業を通して、社会を創り上げていくと子どもが思えるようなキャリア形成を新しい学習指導要領では求めている。

そのため、子どものキャリア形成に向けては、特定の活動のみを行うのではなく、小・中・高の各学校段階で行っているすべての教育活動を通して行うことが大切である。その際、各教科等における取組が相互に関連するように、意図的・計画的に学校全体でチームとして取り組むことで、実効的なものとなる。

なお、子どものキャリア形成を育む取組がより実効的なものとするためには、子どもの実態把握が欠かせないことはいうまでもない。たとえ、表面的に見栄えの良い取組であっても、それ以前に、子どもたちが身に付けなければならないこと、たとえば、「時間を守る」や「人の話を聞く」などがあれば、それらを優先しなければ、子どもたちが社会で自立していくためのキャリア形成には結びつかないことである。

したがって、小学校から発達段階に応じたキャリア形成をすることが大切ではあるのだが、一般的に、小学校で身に付いていなければいけないことが、中学校段階で身に付いていない場合には、そのことを身に付けさせることが、当然、実効的なキャリア形成に結びつくことであるといえる。

〈キーワード〉　教育課程　組織的　意図的　計画的　発達段階　実態把握

3　キャリア形成のための中核となる時間

　前節で示された学習指導要領の第1章総則　第4（高等学校については第5款）生徒の発達の支援　1　生徒の発達を支える指導の充実には，<u>特別活動を要としつつ</u>という表現が用いられている（下線部は筆者による）。

第1章総則　第4　生徒の発達の支援　1　生徒の発達を支える指導の充実（中学校）

> (3)生徒が，学ぶことと自己の将来とのつながりを見通しながら，社会的・職業的自立に向けて必要な基盤となる資質・能力を身に付けていくことができるよう，**特別活動を要としつつ**各教科等の特質に応じて，<u>キャリア教育</u>の充実を図ること。その中で，生徒が自らの生き方を考え主体的に進路を選択することができるよう，学校の教育活動全体を通じ，組織的かつ計画的な進路指導を行うこと。

　子どものキャリア形成は小学校から高等学校まで，発達の段階に応じて，教育課程を中心としたすべての教育活動を通して育むものとされてきた。しかし，教育活動全体で行うとされてきたことが，指導場面を曖昧にされているという指摘もあった。

　また，中学校，高等学校においては，特別活動の学級・ホームルーム活動などで，職場体験活動や社会人講話など，職業に関する理解を目的とした活動が中心となり，自らの生き方について考えるものになっていないという指摘もあった。このような指摘を踏まえて，新しい学習指導要領の改訂に向けた検討の中で，子どものキャリア形成を行う上で中核となる時間が必要だということから，特別活動を位置付けることとなったのである。

　特別活動は，小・中・高等学校のいずれにおいても，集団や他者とのかかわりを前提として自己を考えることを重視するとともに，目標の中に自分のよさを生かすという「自己実現」の観点を明示している。社会的・職業的自立に向けて必要な基盤となる資質・能力の一つとして，他者との人間関係は必要不可欠なものである。その意味からも，子どものキャリア形成をするうえで，より良い人間関係を重視している特別活動への期待は大きなものである。

【特別活動におけるキャリア形成の実践例】

①～④は，中学での学級活動において，子どもたち自身で見通しを立てたことを，振り返る実践例（「体育祭を振り返ろう」）である。

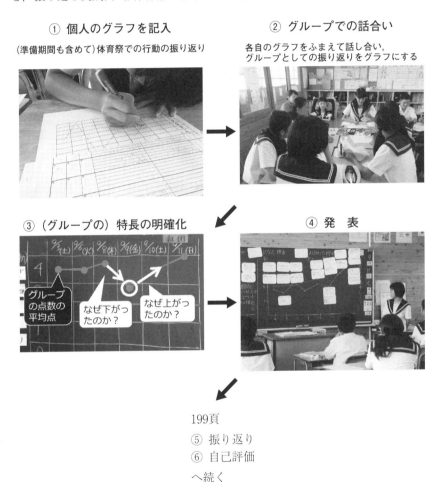

① 個人のグラフを記入
(準備期間も含めて)体育祭での行動の振り返り

② グループでの話合い
各自のグラフをふまえて話し合い，グループとしての振り返りをグラフにする

③ （グループの）特長の明確化

④ 発　表

199頁
⑤ 振り返り
⑥ 自己評価
へ続く

〈キーワード〉　特別活動　集団　他者　自己実現　人間関係

第12章　社会に生きる子どものキャリア形成　　195

4　一人一人のキャリア形成と自己実現

　新しい学習指導要領では，第3節まで述べてきたような背景から，中学校，高等学校における学級活動及びホームルーム活動の内容「学業と進路」を「一人一人のキャリア形成と自己実現」に改められた。

第5章　特別活動　第2　各活動・学校行事の目標及び内容　2　内容（中学校）

> (3)　<u>一人一人のキャリア形成と自己実現</u>
> ア　社会生活，職業生活との接続を踏まえた主体的な学習態度の形成と学校図書館等の活用
> 　現在及び将来の学習と自己実現とのつながりを考えたり，自主的に学習する場としての学校図書館等を活用したりしながら，学ぶことと働くことの意義を意識して学習の見通しを立て，振り返ること。
> イ　社会参画意識の醸成や勤労観・職業観の形成
> 　社会の一員としての自覚や責任を持ち，社会生活を営む上で必要なマナーやルール，働くことや社会に貢献することについて考えて行動すること。
> ウ　主体的な進路の選択と将来設計
> 　目標をもって，生き方や進路に関する適切な情報を収集・整理し，自己の個性や興味・関心と照らして考えること。

第5章　特別活動　第2　各活動・学校行事の目標及び内容　2　内容（高等学校）

> (3)　<u>一人一人のキャリア形成と自己実現</u>
> ア　学校生活と社会的・職業的自立の意義の理解
> 　現在及び将来の生活や学習と自己実現とのつながりを考えたり，社会的・職業的自立の意義を意識したりしながら，学習の見通しを立て，振り返ること。
> イ　主体的な学習態度の確立と学校図書館等の活用
> 　自主的に学習する場としての学校図書館等を活用し，自分にふさわしい学習方法や学習習慣を身に付けること。
> ウ　社会参画意識の醸成や勤労観・職業観の形成
> 　社会の一員としての自覚や責任をもち，社会生活を営む上で必要なマナーやルール，働くことや社会に貢献することについて考えて行動すること。
> エ　主体的な進路の選択決定と将来設計
> 　適性やキャリア形成などを踏まえた教科・科目を選択することなどについて，目標

をもって，在り方生き方や進路に関する適切な情報を収集・整理し，自己の個性や興味・関心と照らして考えること。
　新しい学習指導要領では，小学校にも新たに「一人一人のキャリア形成と自己実現」の項目を設けられた（内容名のみ掲載）。

第6章　特別活動　第2　各活動・学校行事の目標及び内容　2　内容（小学校）

(3)　一人一人のキャリア形成と自己実現
　ア　現在や将来に希望や目標をもって生きる意欲や態度の形成
　イ　社会参画意識の醸成や働くことの意義の理解
　ウ　主体的な学習態度の形成と学校図書館等の活用

　なお，小学校においても，中学校，高等学校と同様に「一人一人のキャリア形成と自己実現」と明記された。ただし，これまでも小学校の特別活動の中では，キャリア教育の視点が入っていたため，上記の内容は新たに加えられたということではない。

〈キーワード〉　学級活動　ホームルーム活動　自己実現　学習態度　社会参画意識

5 「見通しを立て，振り返る」活動

　前節で示したように，新しい学習指導要領では，主体的・対話的で深い学びの実現に向けた授業改善や新たな学習や生活への意欲に結びつけることを目的として，「見通しを立て，振り返る」活動を推進することを示している（下線部は筆者による）。

第1章総則　第3教育課程の実施と学習評価　1　主体的・対話的で深い学びの実現に向けた授業改善

> (4)児童（生徒）が学習の見通しを立てたり学習したことを振り返ったりする活動を，計画的に取り入れるように工夫すること。

（小学校）第6章（中学校），第5章　特別活動　第2　各活動・学校行事の目標及び内容　3　内容の取扱い

> 　2の(3)の指導に当たっては，学校，家庭及び地域における学習と生活の見通しを立て，学んだことを振り返りながら，新たな学習や生活への意欲につなげたり，将来の生き方を考えたりする活動を行うこと。その際，児童（生徒）が活動を記録し蓄積する教材等を活用すること。

　このように「見通しを立て，振り返る」ことを重要視することは，子どもの「主体性」を育むことをめざしているためであり，それは子どものキャリア形成に結びつくことである。換言すると，子どもが主体的に活動するためには，「見通しを立て，振り返る」活動が不可欠だということになる。
　また，「見通しを立て，振り返る」ことは，学習評価の視点でもある。

第1章　総則　第3　教育課程の実施と学習評価　2　学習評価の充実

> (1)児童（生徒）のよい点や進歩の状況などを積極的に評価し，学習したことの意義や価値を実感できるようにすること。また，各教科等の目標の実現に向けた学習状況を把握する観点から，単元や題材など内容や時間のまとまりを見通しながら評価の場面や方法を工夫して，学習の過程や成果を評価し，指導の改善や学習意欲の向上を図り，資質・能力の育成に生かすようにすること。

資質・能力の育成に生かすような学習評価を行っていくためには，レポートの作成，発表，グループでの話合い，作品の制作など，様々な活動における評価を踏まえて，多角的な評価を行っていくことが必要である。また，一人一人の力量等に応じて，子どもの資質・能力がどのように伸びているかを，子ども自身が把握できるようする工夫も必要である。具体的には，日々の記録やポートフォリオなどを通して，過去と比較をすることなどが考えられる。このように，子どもが自己評価をすることは，子どものキャリア形成には欠かせないことである。

　自分が学んだことが，社会とのつながりや既習事項（これまで学んできたこと）と，どのようにつながっているのか，また，学習をして，自分に変化があったことなどについて，子ども自身が把握することは，より主体的な学習意欲に結びつくことである。

【「見通しを立て，振り返る」実践例】

195頁，①〜④から続く

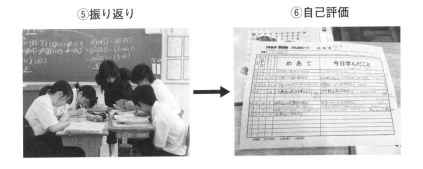

⑤振り返り　　　　　　　　　　⑥自己評価

〈キーワード〉　見通し　振り返り　学習評価　自己評価

第12章　社会に生きる子どものキャリア形成

6　キャリア形成に向けた課題
　　（小中高の連携・接続の必要性）

　前節で述べた，「見通しを立て，振り返る」活動や学習評価には，具体的にどのようなことが考えられるのであろうか。
　新しい学習指導要領（小学校）第6章，（中学校）第5章特別活動には，「学習や生活の見通しを立て，振り返る教材の活用」について述べられていることを改めて確認したい（下線部は筆者による）。

小学校学習指導要領第6章　第2〔学級活動〕の3

> (2)　2の(3)の指導に当たっては，学校，家庭及び地域における<u>学習や生活の見通しを立て，学んだことを振り返りながら</u>，新たな学習や生活への意欲につなげたり，将来の生き方を考えたりする活動を行うこと。その際，児童が活動を記録し蓄積する教材等を活用すること。

中学校学習指導要領第5章特別活動　第2〔学級活動〕の3

> (2)　2の(3)の指導に当たっては，学校，家庭及び地域における学習や生活の見通しを立て，学んだことを振り返りながら，新たな学習や生活への意欲につなげたり，将来の生き方を考えたりする活動を行うこと。その際，<u>生徒が活動を記録し蓄積する教材等を活用すること</u>。

　新しい学習指導要領では，特別活動において育成すべき資質・能力を育む観点から，子どおのキャリア形成に向けた中核となる時間として，特別活動が大きな役割を果たすとされている。もちろん，子どものキャリア形成は特別活動を要としつつ学校教育全体で行うものであり，日常の教科等の学習指導においても，学ぶことと自己のキャリア形成の方向性とを関連付けながら，見通しをもって職業的・社会的自立に向けて基礎となる資質・能力を育成するなど，教育課程全体を通じてキャリア教育を推進する必要があるとされている。
　また，小・中・高等学校を通して，子どものキャリア形成を系統的，発展的に取り組んでいくために，第4節で示したように，小，中，高等学校の学級活動及びホームルーム活動において「(3)一人一人のキャリア形成と自己実現」が新た

に設けられた。そして、学校での教育活動全体や、家庭、地域での生活や様々な活動を含め、学習や生活の見通しを立て、学んだことを振り返りながら、新たな学習への意欲につなげたり、将来の生き方を考えたりする活動を行うことが必要であることを示している。

　上述した「生徒が活動を記録し蓄積する教材等を活用する」とは、こうした活動を行うに当たって、振り返って気付いたことや考えたことなどを、子どもが記述して蓄積する、いわゆるポートフォリオ的な教材のようなものを活用することを示している。

　こうした教材を活用して活動を行うことは、小学校から中学校、高等学校へと系統的なキャリア形成に結びつく可能性が高まる。ポートフォリオ的な教材等を活用して、小学校、中学校、高等学校の各段階における学習や生活を振り返って蓄積していくことにより、発達の段階に応じた系統的なキャリア形成を充実させることになると考えられる。

　このような活動は、子どもが入学してから現在に至るまで、どのように成長してきたかを把握することができ、多面的・多角的に自己理解を深めることにもなる。こうした教材は、小学校から高等学校まで、学校段階を越えて活用できるようなものとなるように、各地域での創意工夫が期待されている。

〈キーワード〉　記録　蓄積　ポートフォリオ　キャリアパスポート

授業におけるアクティブ・ラーニング

1　討論・ディベートのテーマ例
① なぜ，小学校段階からキャリア教育が必要なのかを，話し合ってみよう。
② 学習指導要領では，特別活動を要としてキャリア教育の充実を図ることが示されている。「学級活動（ホームルーム活動）」「生徒会（児童会）活動」「学校行事」「クラブ活動」のそれぞれにおいて，具体的に，どのような働きかけができるのかを，話し合ってみよう。
③ 子どものキャリア形成に向けて，学校種間の連携・接続が必要である。そのためのツールとして，いわゆるポートフォリオ的なものが求められているが，いつから（何年生から）始めるのが適切か，また，その理由について，話し合ってみよう。

2　グループワークの課題例
① 自分が主体性を発揮できるようになった，時期，場面，条件について，互いに伝え合い，共通点を書き出し，発表する。（3～4人のグループ）
②「見通しを立て，振り返る」活動には，具体的にどのようなものがあるか，グループで話し合い，それらの意見を書き出し，発表する。（4～5人のグループ）

3　調べ学習の課題
① 国が7年に1回実施しているキャリア教育・進路指導に関する総合的実態調査の結果（最新データ）から，気になる項目を取り出して，問題点を明らかにする。
② 子どものキャリア形成を育むうえで，学校種間の連携が適切に進めている地域を調査し，そこにみられる具体的な取組を紹介する。

4　体験学習の紹介
① 学校や介護施設等への訪問時に，子どもが「見通しを立て，振り返る」活動をしたことで，自らの働きかけを振り返ることから学ぶ。
② 学校でのボランティア体験で，特別活動における子ども同士のかかわり合いを学ぶ。

5　ロールプレイング・場面指導の課題
　以下の例について，3人組（子ども役・先生役・観察者）でロールプレイングを行う。下記の例をもとに，他の例も出し合って体験する。

A男「僕は将来，プロのスポーツ選手として生活をしていくので，体育の教科以外は勉強する必要はないと考えています」
教師「〇〇〇〇〇〇〇〇〇〇〇〇〇〇〇〇〇〇〇」
　＊A男の思い，教師の助言を中心に議論する。

リマインド・振り返り

1 本章のまとめ
　子どものキャリア形成は，特別活動を要としつつも，教育活動全体を通して行うことが大切である。子ども自らが「見通しを立て，振り返る」活動を推進することには，子どもの意欲や主体性を育むことにも結びつくことである。

2 発展的課題
　キャリア形成が適切に進めることができている学校と進めることができていない学校とでは，指導体制の視点から，その相違点等を検討したい。
　「学級の環境が，子どものキャリア形成に影響を及ぼす」との論があるとき，その事態はどのように分析・検討できるのか。

3 レポート課題例　＊授業後に，以下の1つを選択して後日提出する。
① 子どもに将来の目標とともに，意欲を育める教師は，日頃から子どもたちに，どのような働きかけをしていると考えるか。ロールプレイングの体験などを基に，1000字程度で論じなさい。
②「子どものキャリア形成を育むためには，社会との接続を重視する必要がある」について，貴方の考えを，1000字程度で論じなさい。
③ 第3節で「キャリア形成のための中核となる時間は特別活動」であることを学んだが，特別活動以外でも，重視すべき活動を1～2点挙げ，その理由を1000字程度で書きなさい。

4 リアクションペーパーの課題例　＊授業の終末10分程度で記述する。
・事前学修や調べ学習の体験は，本章の学びでどのように深められたか。
・ロールプレイングの体験を「教師」としてどのように生かすのか。
・195, 199頁の写真（「見通しを立て，振り返る」活動例）から，学べることは何か。

（藤平　敦）

索　引 (＊は人名)

A-Z
discipline　20, 28, 33
guidance　28, 33, 74
KJ法　16
PTA　63
RIASEC　154, 155
SNS　40, 125

ア行
アセスメント能力　14
＊アドラー，A.　33
在り方生き方　138
生き方　138
生き方学習　140
生きる力　10
意志決定　178
いじめ　4, 46, 80, 88, 122
いじめ耐性　95
いじめの進行　91
いじめの未然防止　95
いじめ防止対策推進法　73, 124
いのちの電話　63
居場所　40
インターネット協会　63
インターンシップ　143
＊エリクソン，E. H.　77, 166, 168

カ行
ガイダンス　23, 74, 109
開発的な生徒指導　92
カウンセリング　23, 26, 60, 104
カウンセリングマインド　79
抱え込み　62
係活動　155
過干渉　64
学業不振　88
学習指導要領　21, 22
仮説演繹的思考　169

課題解決的な指導　92
課題対応能力　179
価値観　138
価値観形成　179
学級活動・ホームルーム活動　24, 25
学級経営　22
学級づくり　26, 37
学校運営協議会制度　123
学校行事　161
家庭裁判所　63
過保護　64
環境経営　108
環境の調整　96
関係機関　62
関係機関との連携　8
感情の明確化　104
管理職の役割　113
毅然とした指導　66
基礎的・汎用的能力　166, 170, 179, 185
基盤経営　108
器物損壊　88
義務教育の段階における普通教育に相当する教育の機会の確保等に関する法律　73
キャリア　142, 180
キャリア・アンカー　182, 183
キャリア・カウンセリング　143, 177, 181
キャリア教育　136, 192
キャリア教育の基本方向　142
キャリア教育の定義・ねらい　142
キャリア教育の特徴　142
キャリア形成　103, 188, 198
キャリア形成と自己実現　144, 196
キャリア自己効力感　158, 159, 163
キャリア発達　142, 156, 163, 167
キャリア発達課題　185
キャリア発達段階　157, 185
キャリアビジョン　160
キャリアプランニング能力　179

教育相談　26, 60
教育相談の組織　60
　　委員会型　60
　　所属型　60
　　独立型　60
「教員の地位に関する勧告」　111
共感　104
矯正・治療的な生徒指導　92, 96
共同体感覚　33
緊急時の連携　62
緊急の事態　56
勤勉性　78
勤労観・職業観　156, 171, 179, 181, 189
組み合わせ思考　169
＊クランボルツ，J. D.　160
グループ・ダイナミックス　41
グループワーク　33
警察署　63
形式的操作期　169
警視庁　63
傾聴　104
計量的な比例概念　169
高校等進学率　72
構成的グループ・エンカウンター　47, 50
肯定的な自己概念　95
行動化　104
行動の矯正　96
行動連携　62, 128
心のゆとり　95
個別的理解　107
コミュニケーション能力　11, 38, 120
コミュニティ・スクール（CS）　49
孤立感　91
コンサルテーション　60

サ行
サポートチーム　62, 63
自己概念　76, 156
自己管理能力　179
自己効力感　158
自己実現　138, 192
　　社会的職業的――　138

自己指導能力　6, 22, 33, 89
自己受容　179
自己診断調査　179
自己成長　104
自己有能感　78
自己有用感　79
自己理解　179, 180
自殺企図　88
思春期　78
自尊感情　11
しつけ不足　64
児童虐待　63
指導困難　63
児童自立支援施設　63
児童相談所　63
指導方針　55
児童養護施設　63
社会形成能力　179
社会性　76
社会の学習理論　158, 160
社会的・職業的自立　185
社会的なリテラシー　81
社会に開かれた教育課程　128, 145
社会の形成者　81
就業体験　180, 184
　　――活動　180
集団経営　108
集団の理解　107
主幹教諭　113
授業経営　108
授業力　75
出席停止　73
主任児童委員　63
受容　104
純粋性　104
小1プロブレム　78
少年院　63
少年鑑別所　63
少年サポートセンター　63, 66
少年法　27
情報連携　62, 128
将来設計　179

索引　205

将来展望の成立　77
職業観　138
職業興味　154, 155
職業指導　137
職業調べ　176
職業的パーソナリティ　154, 155, 163
職場体験　143, 177, 184
　　──活動　145, 177
職場訪問　176
人生観　138
人生設計　138
『心理社会的発達論』　168
進路（職業的）発達　138
進路学習　140
進路計画　178
進路指導　136
　　──の意義と役割　138
　　──の活動領域　139
　　──の定義　138
　　──の6領域　152
『進路指導の手引』　138
進路選択　178
＊スーパー，D. E.　156, 157, 170
　スクールカウンセラー（SC）　16, 26, 57, 60
　スクールソーシャルワーカー（SSW）　16, 57, 61
　ストレス　94
　ストレス耐性　93
　ストレスチェック　60
　ストレスマネジメント　60
　生活綴方　28
　精神保健福祉センター　63
　成長を促す指導　92
　生徒指導
　　──の意義　6
　　──の位置付け　10
　　──のイメージ　4
　　──の基本的な原理　7
　　──の内容　10
　　──の方針　58
　　組織的・体系的な──　8
　生徒指導機能論　75
　生徒指導主事　56, 57, 112

『生徒指導提要』　6, 8, 21, 22, 24, 26, 74, 102
『生徒指導の手引』　74
『生徒指導の手引（改訂版）』　74
生徒指導部　59
生徒指導モデル　92
生徒理解　22, 24, 58, 64
全校指導体制　58
専門職　110
早期転職　140
早期離職　140, 153
相談　74
育てる教育相談　79

タ行
第3期教育振興基本計画　81
大学等進学率　72
体験活動　143
第二反抗期　77
体罰　73
代理学習　158
他者理解　180
地域自治体　63
チーム　97
チームガイダンス　21, 27, 28, 33
チーム学校　43, 123, 145
チーム指導　96
チームとしての学校　80
チームワーク　56
力による人間関係　90
中1ギャップ　48, 50, 77
中央教育審議会　170
適性検査　179
出口指導　136, 140, 184
道徳性の発達　76
道徳的価値観　39
特性・因子論　152, 163
特別活動　161, 194, 200

ナ行
内面の治療　96
ニート　140
日本臨床心理士会　66

人間関係形成能力　179
　ネットワーク　62

　ハ行
＊ハヴィガースト，R. J.　166, 168
＊パーソンズ，F.　152, 170
　発達課題　167, 185
　『発達課題』（*Developmental Task*）　168
　発達障害支援センター　63
　発達段階　156, 167, 185
　パートナーシップ　64, 65
　話合い活動　26
＊バンデューラ，A.　158
＊ピアジェ，J.　168
　日々の連携　62
　病院　63
　部活動　25
　不登校　89, 122
　不登校児童生徒数　4
　不登校に関する調査研究協力者会議　126
　ブランド・ハプンスタンス　160, 163
　フリーター　140
　ブレインストーミング　16, 32
　包括的援助　107
　放任　64
　暴力行為　4, 80, 88, 127
　保健所　63
　保護観察所　63
　保護司会　63

　ボランティア活動　143, 177
＊ホランド，J. L.　154

　マ行
　マッチング理論　152
　未然防止　94
　見通しを立て，振り返る　196
　民生委員　63
　無業者　140
＊森田洋司　23
　モンスターペアレント　65
　問題行動　88, 122, 127

　ヤ行
　勇気づけ（encouragement）　33
　良い自己概念　93
　要保護児童対策地域協議会　129
　予防的な生徒指導　92, 94

　ラ・ワ行
　ライフ・キャリア　171
　理論と実践の往還　14, 15
　臨床心理士　60
　レジリエンス　110
　ロール・モデル　159
　ロールプレイ　47, 114
＊ロジャーズ，C. R.　28, 105
　わかる授業　93

索　引　207

〈執筆者紹介〉（執筆順，執筆担当）

和田　　孝（わだ・たかし，編著者，帝京大学教育学部）　第1章，第9章

木内 隆生（きうち・りゅうせい，東京農業大学教職課程）　第2章

松岡 敬興（まつおか・よしき，山口大学大学院教育学研究科）　第3章

若林　　彰（わかばやし・あきら，帝京大学教育学部）　第4章

中村　　豊（なかむら・ゆたか，東京理科大学教職教育センター）　第5章

松田 素行（まつだ・もとゆき，文教大学健康栄養学部）　第6章

有村 久春（ありむら・ひさはる，編著者，東京聖栄大学健康栄養学部）　第7章

美谷島正義（みやじま・まさよし，東京女子体育大学・東京女子体育短期大学）　第8章

京免 徹雄（きょうめん・てつお，愛知教育大学学校教育講座）　第10章

川崎 知己（かわさき・ともき，千葉商科大学商経学部）　第11章

藤平　　敦（ふじひら・あつし，国立教育政策研究所 生徒指導・進路指導研究センター）
　　　　　第12章

新しい時代の生徒指導・キャリア教育

2019年3月30日　初版第1刷発行　　　　〈検印省略〉

定価はカバーに
表示しています

編著者	和田	孝
	有村	久春
発行者	杉田	啓三
印刷者	中村	勝弘

発行所　株式会社　ミネルヴァ書房
607-8494　京都市山科区日ノ岡堤谷町1
電話(075)581-5191／振替01020-0-8076

© 和田, 有村ほか, 2019　　　　中村印刷・清水製本

ISBN978-4-623-08406-7
Printed in Japan